Peter Härtling
Federleicht oder doch etwas schwerer
Dichter und ihre Schreibgeräte

Es kratzt und schleift, schnarrt, kreiselt und zwitschert; es pocht, hämmert, klingelt, knattert; es schnalzt, schneuzt, schnurrt, schlotzt und piept; es ist Atem zu hören, dann Stille, jemand rutscht auf dem Stuhl hin und her, scharrt mit den Füßen, reibt mit der flachen Hand Oberschenkel und Tischkante, klopft mit den Fingern einen ungeduldigen Takt, schnieft hemmungslos. Kurz gesagt: Jemand dichtet. Zuerst habe ich versucht, die Geräusche der Schreibgeräte einzusammeln, danach die des Dichters selbst. Beide zusammen ergeben eine keineswegs vollständige Geräuschkulisse poetischer Arbeit.

Allem voran zwei wesentliche Feststellungen, damit eine Grundlage für alle weiteren Überlegungen, Erwägungen und Einsichten geschaffen sei:

Erstens: Der Dichter oder die Dichterin müssen sich mit dem Schreibgerät bescheiden, das ihnen ihre Epoche zur Verfügung stellt.

Zweitens: Das Schreibgerät beeinflußt unbezweifelbar das Schreiben selbst.

Wer mit sich sträubenden Kielen schreibt, kommt langsamer und gegen mitunter verdrießliche Widerstände voran. Wer auf einer alten Hermes – wie ich eben – tippt, darf sich auf keinen Fall dem unstatthaft lauten, rhythmischen Gehämmer hingeben. Die Sätze blieben ohne Punkt und Komma. Die Prosa eines mit dem PC arbeitenden Poeten zeichnet sich für Kenner wiederum dadurch aus, daß sie unmerklich die Furcht vor dem Absturz prägt. Allerdings stürzt nicht der Poet mit seinem Text ab, sondern der Text in der Maschine. Sollte beides gleichzeitig geschehen, näherten sich Dichter und Gerät der Katharsis.

Hermes, der schnelle Gott, Mentor der Händler und der Diebe, könnte hier wohl auch nicht helfen; einem Computer hat er, soviel ich weiß, seinen Namen noch nicht geliehen, sondern nur Schweizer Schreibgeräten. Wobei, die Firmenbezeichnung sagt es deutlich, die Fabrikanten seinerzeit bestimmt nicht an eine Schreibmaschine für Dichter gedacht haben – der Absatz wäre gering geblieben –, vielmehr an ein Büro- und Reisewerkzeug für angesehene Kaufleute und als solche auftretende Diebe. Das jedoch ist eine alte Geschichte. Sie wurde vielfach und vielgestaltig geschrieben mit Feder, Bleistift, Füller, Computer und Schreibmaschine. Während ich aufzähle, wird mir klar, daß dieses uns immerfort begleitende Inventar sich für einen Unkundigen ausnimmt, wie aus einem verrotteten magischen Kabinett. Und das ist ja wohl auch der Fall.

Nicht d e r Hermes, wohlgemerkt, d i e Hermes!

Meine erste Schreibmaschine kaufte ich im Winter 1954/55 in Heidenheim an der Brenz und diese Zeilen schreibe ich, wie gesagt, auf ihr. Es war kein spontaner Entschluß, sie anzuschaffen. Vieles hatte mich abgehalten, ein solch kostspieliges Gerät zu erstehen. Allem voran die Geldnot. Ende 1952 begann ich ein Volontariat bei der Nürtinger Zeitung. Bis dahin hatte ich alles, Gedichte und Briefe, abgebrochene Erzählungen, mit Bleistift und Füller geschrieben. Nun betrat ich, in der Nürtinger Redaktion, das Reich der Olympia. Offenbar haben Schreibmaschinenhersteller einen Hang zu Höherem. Die Mehrzahl der Maschinen in der Redaktion trug diese Marke. Vermutlich hat der sparsame Verleger sie en gros und gebraucht eingekauft. Mir waren sie vertraut. Da ich als Zehnjähriger schon in der Anwaltskanzlei meines Vaters die Typen und das Tippen auf einer Olympia ausprobiert hatte, lernte ich ebenso schnell wie unorthodox. Noch heute pflege ich Betrachter mit einem Sechsfinger-system zu irritieren. Zwei Jahre lang hing ich Olympia an. Hermes lief mir danach nicht einfach über den Weg, wie es sonst seine Angewohnheit ist, er wurde mir angeprie-sen und angeboten. In Zwergenform.

Trügt mich meine Erinnerung nicht, wurde mir, als ich in der Redaktion der ›Heidenheimer Zeitung‹ meinen Schreibtisch in Besitz nahm, eine Adler zugeteilt. Auch der Adler im Femininum, da Schreibmaschinen etwas mit Schiffen gemein haben: Sie erzwingen den weiblichen Artikel. Die Hermes, die Adler. Eine Merkwürdigkeit, die, so hoffe ich, nie meine Grammatik beeinflußt hat.

Ich stieg auf. Dafür könnte anfänglich die Adler gesorgt haben. Ich wurde Chef des Feuilletons. Natürlich gebot ich nur über mich – das genügte bei der Größe der Zeitung auch –, aber ich hatte einen eigenen Raum und lernte rasch, meine Zeit einzuteilen, in die Redakteurs- und Poetenzeit. Manchmal mischten sie sich. Das heißt: Ich zwängte eine Meldung zwischen zwei Verse oder stemmte eine Strophe gegen eine Flut von Nachrichten. Damals schrieb ich meine letzten Yamin-Gedichte. Es fiel mir nicht schwer, der Wirklichkeit lautlos auf Silbenspitzen zu entfliehen.

Inzwischen hatte sich in Gesprächen mit meinem Lektor Kurt Leonhard geklärt, daß die Yamin-Gedichte im Herbst 1955 bei Bechtle erscheinen würden. Eine mich mit Stolz erfüllende Tatsache, die meinen Freund und Redaktionskollegen Ulrich Renz schließen ließ, ein Dichter mit einem sich derart ausweitenden Oeuvre benötige unbedingt eine eigene Schreibmaschine, und zwar eine leichte, handliche, die ihn auf allen Wegen und Umwegen begleite.

Wie viele Anläufe ich, geduldig assistiert von ihm, im Laufe der nächsten Wo-chen nahm, kann ich nicht sagen. Auf alle Fälle gab er den Anstoß, indem er mit mir nicht mehr vor dem Laden stehen blieb, wir einander fragend anschauten, und ich hernach feststellte, der Augenblick sei nicht günstig, meine Kauflaune schwach. Er ließ mich einfach stehen, stieg die drei oder vier Stufen hoch und riß mich mit:

4

Sollte ich ihn allein prüfen, abwägen, verhandeln lassen, mich seinem fertigen Urteil beugen? Nein.

Ich könnte von einer Liebe auf den ersten Blick sprechen, wäre es nicht abwegig, die unvermutet direkte Beziehung zwischen einer Person und einer Maschine so auszulegen. Mein Freund Renz begriff sogleich. Er trat in den Hintergrund und verfolgte alles weitere mit sympathisierender Spannung. Der Schreibmaschinenhändler hatte mich in den Blick genommen. Ich stammelte meinen Wunsch, eine kleine handliche Schreibmaschine brauche ich. Heute heißen sie Portable, gestern wurden sie Reiseschreibmaschinen genannt. Der Händler nickte, wobei die Brille in kleinen Sprüngen zur Nasenspitze rutschte, griff unter den Tisch, zog ein mausgraues Kästchen hervor, schaute mich erwartungsvoll und auffordernd zugleich an, und als ich nicht reagierte, sondern nur verdattert auf das graue Ding starrte, bewegte er die Hände an dessen Seiten hin und her, so, als handle es sich um einen kultischen Gegenstand, drückte mit den Zeigefingern auf zwei silberne Knöpfe, und die Schatulle öffnete sich. Sichtbar wurde eine Schreibmaschine. Ein Schreibmaschinchen! Nicht eine Hermes, sondern deren Kind. Was bei diesem Genus nun, wider alle Göttererfahrung, möglich ist: eine Hermes Baby!

Was bedeutet Liebe auf den ersten Blick? Zwischen einer Schreibmaschine und einem Literaten wohl die Hoffnung auf ein Meer von Buchstaben, Silben, Wörtern, Sätzen. Das noch ungetippte Versprechen eines Lebenswerks. Das erwartete Glück einer dauerhaften und mit nichts auf der Welt vergleichbaren Zweisamkeit. Tage und Nächte in ständiger Nähe und Berührung. Aufbruch und Verzweiflung. Und die Stille, die schrecklich anwachsende Stille, wenn die Einfälle, wütend erfleht, ausbleiben. Diese Liebe, die skandiert wird, einen Rhythmus hat, den Sechsfingertakt, dieses stimulierende Hämmern, das besonders nachts das Verhältnis zur Familie und den Nachbarn strapaziert, denn – das allerdings lehrte mich die Arbeit mit dem Maschinchen – eine Hermes Baby tönt ungleich vorlauter, als eine ordentlich ausgewachsene Hermes. Die bleibt nobel gedämpft.

Seither geht die Hermes Baby mit mir auf Reisen. Zuhause in Mörfelden, auf dem Schreibtisch, arbeite ich mit der ausgewachsenen Hermes. Seit vierzig Jahren dient die Kleine unablässig. Zweimal mußte sie zur Reparatur. Einmal wurde ein Buchstabe erneuert und vor ein paar Jahren klemmte es an allen Ecken und Enden. Es war nicht leicht, einen kundigen Mechaniker zu finden. Der jedoch stellte mich, als ich die Maschine abholte, aufgebracht zur Rede: In dem Dreck, der sich auf dem Boden der Maschine angesammelt habe, hätte ich Bäume pflanzen können. Demütig nahm ich seinen Vorwurf an. Vermutlich befand sich in der untersten Schicht noch Zigarettenasche aus dem Jahr 1955, Brotkrümel vom Heidenheimer Bäcker. Auf ein Mäusenest ist der Fachmann nicht gestoßen.

Ich bin dem Kauf, auf meiner Hermes Baby tippend, vorausgeeilt. Die Maschine, ein Schweizer Fabrikat, wie der freundliche Mann im Laden betonte, kostete mich beinahe einen Monatsverdienst, also entschloß ich mich zur Ratenzahlung. Ich habe sie nicht, wie es heute selbst für Schüler üblich ist, durch Überweisung erfüllt – ich brachte die Rate regelmäßig am Letzten, wenn mir das Gehalt in der Tüte überreicht worden war, meinem Verkäufer, der dadurch Gelegenheit hatte, sich nach dem Befinden der kleinen Hermes zu erkundigen. Ich konnte ihm versichern, sie diene mir nicht nur, sie inspiriere mich auch. Ihr kräftiges Hämmern fördere sogar das Gedeihen von Gedichten. Das freilich sagte ich ihm nicht. Ich hätte, das wußte ich, mit diesem Bekenntnis meine Zeitung diskreditiert. Einem Journalisten vom Blättle, der Gedichte schreibt, war nichts Vernünftiges zuzutrauen.

Die beiden Hermes übrigens – wie hört sich das wieder an? wie eine Kapitelüberschrift aus dem ›Stechlin‹ oder Niebelschützens ›Blauen Kammerherrn‹ – also jene beiden, die Kleine und die Große, helfen mir nicht allein bei meiner Arbeit. Ein Füller ist ebenso vonnöten wie gelegentlich ein Bleistift und einige Blättchen Tippex.

Die Gedichte entstanden, seitdem ich die Hermes besitze, zweistufig. Die ersten Einfälle, ganze oder halbe Verse, tippe ich rasch, um sie nicht aus dem Gedächtnis zu verlieren. Diese Blätter liegen in kleinen Stapeln in einer Schreibtischecke und warten auf den Aufruf. Die nächste Phase – nachprüfende Wiederholung und Veränderung des Vorhandenen und Ergänzung, wenn nicht Fertigstellung – geschieht mit dem Füller. Das Anstoß gebende, der Hermes zu verdankende Fragment verschwindet meistens im Papierkorb, die erste Reinschrift entsteht mit dem Montblanc. (Warum müssen Schreibgeräte, je kleiner und handlicher sie werden, so übertrieben benannt werden? Montblanc!) Endgültig ins reine wird das Gedicht auf der Maschine geschrieben. In der Prosa geschieht das ähnlich.

Den privaten Teil meiner Ausführungen abschließend, möchte ich noch einmal die Handlichkeit und Beweglichkeit der kleinen Hermes rühmen. Es gibt dafür ungezählte Beispiele. In dem, das ich nun anführe, war ich immerhin schon neun Jahre mit dem Maschinchen unterwegs. Als meine Frau und ich unseren Erstgeborenen der schwäbischen Verwandtschaft vorführten, war die kleine Hermes natürlich dabei. Bis in die pochenden Fingerkuppen erinnere ich mich daran, wie das Kapitel »Rondo« für den ›Niembsch‹ entstand. Das achtmonatige Söhnchen feucht und warm auf dem Schoß, die Hermes auf einem winzigen Tisch vor mir und ich selber mitgenommen von dem Sechsfingertakt: ein Glück wie selten!

Ich springe jetzt zu jenem Ungetüm, das ich, als ich seiner unlängst zum ersten Mal ansichtig wurde, mit neidvollem Respekt musterte, aber auch bestätigt wurde in einer Ahnung: Seit vielen Jahren besitze ich eine jener kleinen Gedichtsammlungen, die Hermann Hesse an Freunde verschickte. Ich bekam sie über den Stuttgarter Antiquar

6

Fritz Eggert. Das große, etwas ungleichmäßige Schriftbild kannte ich bereits aus Reproduktionen. Zu jener Zeit, als Hesse die Gedichte für das Heftchen abschrieb, bediente er sich schon einer Remington. Aber! Im Anschlag muß er sich bis zu seinem Lebensende wohl an die unvergleichliche, zweimanualige Smith erinnert haben. Ein der Poesie gewidmetes, wunderbares Stück Mechanik. Sechs Typenreihen übereinander, die kleinen und großen Buchstaben säuberlich getrennt. Der zierliche Mann, der Dichter von ›Unterm Rad‹ und vom ›Steppenwolf‹, dessen »Ich bin auch in Ravenna gewesen,/ ist eine kleine tote Stadt« eines der ersten Gedichte gewesen ist, das ich als Schüler aus eigenen Stücken auswendig lernte, dieser Poet mit Gartenhut auf vielen Fotos muß, das sagen mir seine Typoskripte, eine fingerfertige und den Mechanismus auskostende Zuneigung zu seinem Arbeitsinstrument gehabt haben. Ich kann ihn gleichsam aus dem vollen tippen hören, sehe seine feinen Finger über die sechs Buchstabenreihen hasten. Viele Bilder zeigen ihn bei der Arbeit. Auch an der Schreibmaschine. Dennoch mache ich mir ein anderes Bild von dem schreibenden Hesse. Es ist nicht das des berühmten Schriftstellers von Montagnola. Ich denke an den Buben, der sich den Erziehungsmaßnahmen seiner Familie mit einer explosiven Mischung von ohnmächtigem Zorn und selbstmörderischer Verzweiflung gerade noch entziehen kann. Der hat mit Stift und Feder geschrieben. Mit einer kratzenden, springenden und spritzenden Feder und einem Stift, den er mit seinem Taschenmesser immer wieder spitzte, nachdenklich und behutsam, oder einem Tintenstift, den er öfter mit der Zunge anfeuchtete, auf der sich danach eine Weile ein metallener Geschmack hielt. Dieser Junge, der aufbegehrte und seine Demut bekundete, der verrückt zu werden drohte und, der Psychiatrie überlassen, schließlich zu seiner Vernunft kam, der Poesie. Mustere ich den Alten vor der Schreibmaschine, spüre ich den Jungen. Vielleicht, sage ich mir, hat die große Smith, die zweimanualige, ihm geholfen, mit allen Hämmern tönend, das suchende Federgeräusch zu vergessen und diese Stimmbruchstimme: »In der Nacht, im Traum, sah ich dich,/ Blondes Haar, wie sonst, spielt um dich –«. Ein solcher Anfang, gegen und ganz mit Heine, ist ohne die leise Schreibmusik nicht denkbar, das oft stockende Kratzen der Feder, das seinen Rhythmus bekommt durch den Atem dessen, der schreibt.

Womit ich auf die Zusammenhänge zwischen Werkzeug und Produkt kommen möchte. Griffel, Rohr, Feder, Stift, mit der rechten oder mit der linken Hand werden diese Instrumente geführt. Übers Pergament, Bütten oder über Papier, über Blätter unterschiedlichster Qualität. Jede Kleinigkeit, jede kaum merkliche Veränderung kann Inspiration und Laune beeinflussen. Ein rauher Griffel, eine sich spreizende Feder stören und verstören nicht nur, sie mischen sich ungebeten ein, verhindern ein sprechendes Metrum oder legen sich quer vor einen bereits gedachten Satz.

Natürlich handelt es sich bei den derart geplagten, so empfindlich mit ihren

Instrumenten verbundenen Poeten nicht um Griffelspitzer oder Federfuchser. Die haben mit der schönen Kunst, mit der Literatur nichts zu tun. Die benützen die Schreibinstrumente allein, um sich ihrer bürokratischen Macht zu versichern. Sparsam, Griffel oder Stift bis aufs Stümpchen aufbrauchend, tragen sie ein und tragen sie aus, halten fest und verbuchen sie. Bisweilen allerdings hinterlassen sie in schönster Schrift eine Notiz, die Gelehrte und Liebhaber entzücken kann: wann ein Dichter sich wo angesiedelt und verheiratet hat; wann eine Sängerin als Findelkind ins Waisenhaus kam; weshalb ein weltbekannter Marinemaler in Haft genommen werden mußte. Kleinigkeiten, die Lebensläufe färben. Also können Bürokraten auch Autoren sein?

Das nicht, denn sie kennen keine Abhängigkeit vom Werkzeug, wissen nichts von der pochenden Angst, die ein leeres Blatt verursacht, die allein mit der Hilfe dieser Werkzeuge zu überwinden ist. Wieviele Tricks und Eigenheiten gibt es da. Das Zwirbeln von Stift und Griffel zwischen den Fingern. Das gedankenvolle Abkauen eines Bleistifts oder eines Federhalters. Das genußvolle und ausdauernde Tinteaufziehen mit dem Füller oder der virtuose Austausch von Tintenpatronen. Man kann Füller oder Griffel auch wie ein zierliches Wellholz auf dem Schreibtisch hin- und herrugeln. Ein Bleistiftspitzer, so gebraucht, daß er Spitzen schafft und zugleich frißt, kann, ich habe es ausprobiert, unter bestimmten psychischen Voraussetzungen der Phantasie auf die Sprünge helfen. Das gedankenvolle oder gedankenlose Antippen der Schreibmaschinentasten gehört zu meinen Erwartungsübungen. Ebenso der meine Kinder und meine Frau immer von neuem belustigende Umgang im Garten, die paar Schritte an der Hausfront entlang, hin und her, bis ich mir endlich einen Satz zutraue oder ihm wenigstens mit einigen kühn vorausgeschickten Probesätzen auf die Spur zu kommen trachte. Hänge ich weiter, ‹gehe› ich auf dem Platz, scharre, sitzend, derart mit den Füßen, daß Teppiche zerschleißen. Meine Hermes beginnt bei solchen Anläufen oft wie von selber zu hämmern, ungeduldig, arhythmisch, hüpfend.

Unbezweifelbar widersteht meine Hermes hämmernd dem Geräuschpegel meiner Umgebung. Ständig donnern Flugzeuge in der Luft. Die Bahn schleift nahe über Schienen, und von der Straße rauscht der Verkehr. Ich bin laut in einer lauten Welt. Werde ich aber leise, nehme ich den Füller zur Hand, konzentriere mich ab- und neuschreibend auf die getippten Blätter, scheint es mir, als verändere sich die Lautskala um mich herum. Zwar sind die Flugzeuge mit ihrem erdenthobenen basso continuo weiter vorhanden, auch der Verkehrslärm bleibt, und dennoch tritt der Vogelgesang deutlicher hervor; ab und zu werden auch Kinderstimmen laut. Hat mich das Werkzeug verändert, meine Sensorien umgestimmt? Es muß so sein. Die übers Papier gleitende Hand gibt einen leise schleifenden Rhythmus ab, zu dem etwas dunkler getönten Kratzen der Feder. Mir kommt es vor, als ziehe sich mein Körper vor Aufmerksamkeit zusammen und nehme, überempfindlich, alles wahr, was der

Konzentration dient. Verwandelt mich das Schreibgerät? Wirkt es gleich einer Zeitmaschine? Trägt es mich fort in die Gegend Mörikes und Schillers?

Ihre Schreibutensilien täuschen mir nur vor, wie sie benutzt wurden. Mehr nicht. Ich kann Individualität nicht rekonstruieren, allenfalls fingieren. Und wie sollte ich das Schreiben eines anderen, der überdies noch vor ein oder zwei Jahrhunderten lebte, mit der Phantasie wiederholen, wenn ich dabei selber schreibe. Ich atme nicht so wie Schiller, wie Hölderlin, meine Feder gleitet anders übers Papier und ‹spricht anders› – so daß auch die Wörter, die Sätze auf andere Weise zustande kommen. Obwohl ich noch leidenschaftlich gern die Feder führe, wundert es mich, wieviel Schiller oder Goethe mit ihr zu Papier gebracht haben. Hatten sie sich einmal stimuliert, mit Apfeldunst, Kaffee oder Tabak, muß es für ihre Feder kein Hindernis mehr gegeben haben. Sie lief mit ihren Gedanken, lief ihnen, nehme ich an, geradezu voraus. Außerdem hatten die Poeten den unschätzbaren Vorteil, nicht von Telefon und Faxgerät gestört zu werden. Die Boten wurden an der Haustür abgefangen, und Besucher erhielten ihre Termine oder keine. Die Zeit rannte diesen Dichtern unter Feder und Griffel nicht so spürbar weg wie unsereinem. Schillers Klio, erfreute sein Auge. Aber was der Barockpoet Fleming ihr zu entlocken versuchte, wäre dem ehrenwerten Schwaben, der endlich sein Weimarer Haus bezogen hatte, nie in den Sinn gekommen:

> »Klio, Klio laß erbitten,
> Laß erbitten dich doch itzt,
> Zeige dich einmal in Güten,
> Mache mir den Kopf erhitzt,
> Daß ich nur auf Lustgedichte,
> Meine Faust und Feder richte.«

Dieses Gedicht zitiere ich keineswegs bloß, weil es mir Schillers Klio nahelegte, auch nicht der Lustgedichte, sondern der Faust wegen, die mich als Schreibgerät überrascht. Andererseits wird ja die Feder gelegentlich als Waffe apostrophiert. Warum dann nicht gleich die Feder in der Faust? Das ist, ich gebe es zu, nicht nach meinem Geschmack und führt, nimmt man diese Kombination als Schreibwerkzeug ernst, gefährlich in die Irre. Unlängst las ich bei einem Kritiker, er müsse diesen und jenen mißratenen Satz auf seine Feder spießen, wobei ich hätte schwören können, daß er sich eines Computers bediente und die Feder nichts anderes ist als der Curser. Ihm möchte ich mit einem federnden Satz Platens entgegnen: »O kritisieren, Herr, ist federleicht,/ Doch besser machen schwierig.«

Einen Gegenstand, der für unsere Arbeit unerläßlich ist, habe ich sträflich vernachlässigt: den Schreibtisch, das Schreibpult, die Schreibplatte. Nicht selten verschmelzen

Schreibgeräte und Tisch zu einem Gesamtbild. So scheint es mir bei Schiller zu sein. Sein zierlicher Sekretär verlangt nach einem adäquaten, repräsentativen Schreibzeug. Nur – hier muß ich mich korrigieren – dürfte dies nach allem, was ich von Schillers Arbeisweise weiß, Harmonie vortäuschen. Er hatte zu kämpfen, machte es sich schwer. Seine Sätze spannten sich zwischen Mühsal und Lust. Er wird alle Möglichkeiten genutzt haben, die ein Schreibtisch gewährt, wenn es um Inspiration geht. Sei es, daß er mit dem Handrücken das polierte Holz rieb, erhitzte; daß er sich, in Erinnerungen und Bildern und Wörtern untergehend, an die Tischkante klammerte oder sich festhielt, um übermütig mit dem Stuhl zu kippeln; oder, Erschöpfung und Lustlosigkeit nachgebend, die Arme auf dem Tisch verschränkte und den Kopf darauf bettete. Nicht zuletzt ist der Schreibtisch auch ein Gegenstand, von dem man sich entfernen kann wie von einem Bild, damit es besser zu erkennen sei.

»Er stand vom Schreibtisch auf, von seiner kleinen gebrechlichen Schreibkommode, stand auf wie ein Verzweifelter und ging mit hängendem Kopf in den entgegengesetzten Winkel des Zimmers zum Ofen, der lang und schlank war wie eine Säule. [...] Er war aufgestanden, um sich ein wenig Distanz davon zu verschaffen, denn so oft bewirkte die räumliche Entfernung vom Manuskript, daß man Übersicht gewann, einen weiteren Blick über den Stoff, und Verfügungen zu treffen vermochte. Ja, es gab Fälle, wo das Erleichterungsgefühl, wenn man sich abwendete von der Stätte des Ringens, begeisternd wirkte.«

Thomas Mann, der Schiller in einer ›Schweren Stunde‹ nachfühlte, sprach da unbezweifelbar auch von sich, kundig in den magischen Handlungen und Beschwörungsformeln unserer Kunst. Mit welcher Insistenz sorgte er dafür, daß im Exil ein Platz für den Schreibtisch festgelegt wurde, in welchem Haus, an welchem Ort auch immer. Wie gewohnt. Unversehens bekommt diese Wendung ein Echo. Wie gewohnt. Die Wohnung schrumpft zusammen auf ein notwendig Gewohntes, auf ein winziges Areal: den Schreibtisch, den Lichtkreis, in dem das Papier liegt oder die Maschine, in die das Papier eingespannt ist und neuerdings der leuchtende Schirm, auf dem die Sätze auch nicht schneller entstehen. Wie gewohnt. Eine, trotz allem, eindeutige Formel für Seßhaftigkeit.

Ihr widerspreche ich sogleich. Ich komme auf ein Thema, das mich seit langem umtreibt und verbünde mich mit einer Gestalt, die nicht nur mich vertritt, die vielleicht eine der Grundfiguren unserer Epoche ist: der Wanderer. In unserer Ausstellung findet sich ein markantes Utensil seiner Präsenz. Ich kannte es, obwohl ich mich mit diesem Wanderer seit Jahren in voller Zuneigung beschäftige, bis vor kurzem nicht. Sein Anblick rührte mich nicht nur, ich verstand dieses rare Stück sofort als Beweis für meine These, daß dieser Biedermann einer der großen Ruhlosen, einer der wahrhaft Unsteten unserer Poesie gewesen ist. Ich meine Eduard Mörike mit seinem portablen Schreibpult. Genau genommen ist es eine größere Schatulle, die sich zum Schreibpult, zum Pültchen entfaltet. Er kann es überall zur Arbeit placieren. Auf den Knien, auf einem Fensterbrett, einem fremden Tisch, der sogleich nicht mehr stört, auf einer Kommode oder einem Wurzelstock im Garten. Im Innern der Schatulle ist das Nötigste verstaut. Vom Tintenfaß über Federn bis zu den selbstgeschnitzten oder gedankenvoll zerbissenen Bleistiften. Natürlich auch dieser oder jener Brief, der unbeantwortet blieb. Mancher Gedichtentwurf, mancher Anfang.

Dieses Pult ist fürs Hier wie Dort geschaffen, ist ein fester Punkt im Unterwegs, ein geplantes Vertrautes für den Wanderer. Den Alten, der in Stuttgart unruhig und beunruhigt die Wohnungen wechselte, der nicht mehr viel schrieb und wenn, unter Mühen, wird das Pult begleitet haben. »Seid doch so gut, den 2. Teil meines Romans – den abgelegten Balg des 1. durchaus nicht – miteinander zu lesen und schreibt mir, was Euch mißfällt«, ruft der von Zweifeln Geplagte seinem Freund Hartlaub zu.

Mörike liebevoll nachblickend, spreche ich nun nicht mehr nur von ihm, ebenso von Schiller, Hesse und anderen. Im Schreiben beruhigt sich scheinbar der Rastlose. Er muß bei sich bleiben; oder er will zu sich kommen. Alle Unruh, alle rasenden Bewegungen, alle Suche zwingt er mit größter Anstrengung in sich hinein und macht diese Energien seiner Arbeit dienstbar. Wie labil ist dieser Zustand, wie anfällig für jeden Einfluß von außen, für jede geringfügige Störung. Und wie hilfreich erweisen sich alle die gewohnten Schreibgeräte. Im Wandern, im Unterwegs beginnen die Gedanken zu fliegen, können sich Sätze nach dem Rhythmus der Schritte fügen – ich denke an die Hymnen und Oden Hölderlins. In dem Augenblick jedoch, in dem es hinaus will, aufs Papier, brauchen die Wanderer alle einen Platz, einen Tisch, ein Fensterbrett, einen Block auf den Knien oder eben jenes praktikable Pültchen, das Mörike begleitete. Im Schreiben haben sie ihren Ort, ihr Haus, ihr Zuhause.

Als ich meine kleine Hermes erstand, tat ichs vorsorglich: Sie sollte leicht und handlich sein für ein zu erwartendes Unterwegs. Ich habe längst mein Haus gefunden. Doch auf Reisen begleitet mich die Maschine stets. Die kleine Portable. Inzwischen ein anachronistisches Instrument neben den allenthalben zwitschernden und piepsenden Laptops. Sie ist laut, doch diskret. Denn sie vergißt im Gegensatz zu ihren elektronischen Pendants sofort, was sie aufnahm. Sie bleibt ein schweigsamer Gefährte. Sie begrüßt auch nicht wie die Computer den Benutzer mit einem tönenden »Welcome«. Mir zumindest verschlüge es da fürs erste die Sprache. Und eben das sollte ja ein Gegenstand, der dem Schreibenden dient, auf jeden Fall verhindern.

> »Zu schreiben endlich er sich setzet,
> Ein Blättlein nimmt, die Feder netzet – …«

Der Gänsekiel oder Womit schreiben?

Schreibwerkzeuge sind in der Regel eher einfache, entsprechend selbstverständlich ge- und verbrauchte Gegenstände des alltäglichen Lebens. Gleichzeitig werden gerade Schreibwerkzeuge von Autoren, wenn nicht schon zu Lebzeiten ihrer berühmten Eigentümer, so doch zumeist unmittelbar nach deren Tod als ‹Erinnerungsstücke› zu Objekten eines säkularisierten Reliquienkults, der oft seltsame Blüten treibt. Die ‹letzten Federn› Friedrich Schillers, von denen eine auch in dieser Ausstellung zu sehen ist, sind dafür ein sprechendes Beispiel.

Da es sich aber auch bei den Schreibwerkzeugen von Dichtern und Schriftstellern nur selten um repräsentative, folglich sorgsam aufbewahrte Schaustücke handelt, gestaltet sich die Suche nach Vergleichen, die ihre Einordnung und auch Datierung erleichtern könnten, oft mühsam – insbesondere für das 18. und frühe 19. Jahrhundert. Aus diesem Grund beansprucht die Dokumentation der Einzelobjekte hier relativ großen Raum. Zugleich wurde versucht, sie über ihre dienende Funktion als Schreibutensilien hinaus von ihren Besitzern erzählen zu lassen.

Für die letzten zwei Jahrhunderte, in denen sich das ‹Womit schreiben› von der Feder zur Maschine grundsätzlich gewandelt hat, stehen Friedrich Schiller, Eduard Mörike, Hermann Hesse und Peter Härtling. Die wichtigsten Schreibgeräte dieser vier Autoren wurden zusammengestellt, aber auch die jeweiligen Beschreibstoffe und, soweit es sich ergab, im weiteren Sinne zugehörige Gegenstände wie etwa Siegel und Siegelring, Schreibtisch oder Tischpult miteinbezogen.

Inwieweit ‹unser Schreibzeug mit an unseren Gedanken arbeitet› – diesem so berühmten wie umstrittenen Diktum Friedrich Nietzsches konnte in der Ausstellung selbst nicht nachgegangen werden. Daß Peter Härtling sich in seinem begleitenden Essay mit dieser Frage auseinandergesetzt hat, dafür sei ihm herzlich gedankt.

Friedrich Schiller (1759–1805)

»Ich kraze mit dem Federkiel
auf den gewalkten Lumpen«
(aus: ›Unterthänigstes Pro Memoria‹, 1785, in: NA Bd. I, 159)

Wenn auch nicht immer kratzend – geschrieben hat Friedrich Schiller nahezu ausschließlich mit der Feder, dem Gänsekiel. Da ihm gegen Ende des 18. Jahrhunderts, abgesehen von Griffel oder Bleistift, noch immer kein anderes als dieses mittelalterliche Schreibwerkzeug zur Verfügung stand, hat sich der Dichter darüber nicht allzu viele Gedanken gemacht. Intensiv beschäftigten ihn dagegen die »gewalkten Lumpen«, auf denen er schrieb. Und ebenso war ihm das Papier, auf dem seine Werke gedruckt werden sollten, äußerst wichtig. Die großen Fortschritte innerhalb der Papierherstellung seit Mitte des 18. Jahrhunderts wurden von Schiller aufmerksam verfolgt und ihre qualitativen Verbesserungen kenntnisreich genutzt.

Einen genaueren Blick auf das von Schiller verwendete Papier zu werfen, liegt deshalb nahe, auch wenn es hier in erster Linie um seine Schreibgeräte gehen soll. Alle ausgestellten Objekte mitsamt dem zugehörigen Schreibtisch sind dabei in ihrer Provenienz über Schillers Urenkel Karl Alexander Freiherr von Gleichen-Rußwurm bis zu ihrem ursprünglichen Besitzer zurückzuverfolgen.

Wie Schillers Bedarf an Schreibmaterialien im wesentlichen ausgesehen haben muß, läßt sich, zumindest für die Zeit von 1799 bis 1805, den alljährlichen, kaum voneinander abweichenden Lieferungen des Weimarer Hoftheaters »für den H. Hof Rath Schiller« entnehmen (Alexander Weichbrecher, Schillers Schreibmaterialien, in: Schwäbischer Schillerverein Marbach – Stuttgart, 34. Rechenschaftsbericht, Stuttgart 1929/30, 104–106). So erhielt er zum ersten Mal Ende Dezember 1799 auf Kosten des Theaters:

» I Ries Stitzerbacher Schreibe Pappier Rthlr.		2. 6. –
5 Buch blaues	dergl. a 3 gr.	– 15. –
1 ff. engl. Einschlag Federmeßer		– 9. –
1 ff. Pappier Scheere		– 12. –
1/2 Pfd. ff. Siegellack	N 27 a 1 1/2 Rthlr.	– 14. –
2 ff. engl. Bleistifte	a 2 gr.	– 4. –
2 Bund extra ff. Hamb. Federspuhlen	a 15 gr.	1. 6. –
1/2 Ries Holl. Brief Pappier	a 4 r.	2. – –
Ein Kalender		– 1. 3
	Summa Rthlr.	7. 19. 3.«

Neben Papierschere oder Siegellack interessieren an dieser Aufstellung vor allem die 50 Gänsekiele [2 Bund Federspuhlen], das Federmesser, die zwei Bleistifte, die ansehnliche Menge von 600 Bogen Schreibpapier aus der Stützerbacher Papiermühle in Thüringen und die zusätzlichen 240 Bogen Briefpapier aus Holland [1 Ries = 20 Buch = 480 Bogen].

1

»Da ich bei meinem Aufenthalt in Jena bemerkt habe, daß Deine Federkiele kaum für einen Oberstallmeister gut genug sind, so lege ich hier ein Bund bei, die zwar auch nicht die besten, aber doch beßer sind – wenigstens einige darunter« schreibt Wilhelm Friedrich Hermann Reinwald am 18. Juli 1793 an seinen Schwager Schiller (in: NA Bd. 34, I, 287) – denn Gänsekiel war nicht gleich Gänsekiel. Die besten Federn wurden während der Mauser gezogen, ältere waren besser als jüngere, ein schlecht zubereiteter Kiel konnte zäh statt hart geworden sein und deshalb beim Schneiden ‹Zähne› bekommen, verbrauchte sich auch schneller, da er öfters gespitzt werden mußte.

Schon in der Antike hatte man mit Federn, allerdings mit Rohrfedern, und auf Papyrus geschrieben. Bald nach dem Zusammenbruch des Römischen Reiches wurde Papyrus jedoch zu einer Mangelware in Europa und deshalb durch Pergament ersetzt, dessen empfindlichere Oberfläche nun aber nach einer sensibleren Feder verlangte. Als besonders geeignet erwies sich dafür, neben den wertvolleren Federn von Straußen und Schwänen, der Gänsekiel, während Rabenfedern vorrangig zum Zeichnen und Feinschreiben dienten. Mit dem Gänsekiel ließ sich vor allem auch Papier beschreiben, das, im 13. Jahrhundert aus China nach Italien gelangt, das kostbare Pergament allmählich verdrängte und seit der Erfindung des Buchdrucks mit beweglichen Lettern um 1450 bald gänzlich ersetzte. In der Folgezeit nahezu konkurrenzlos, wurde der Gänsekiel erst im 19. Jahrhundert von der Stahlfeder abgelöst.

Da neben den englischen die Hamburger Gänsekiele als die besten in jener Zeit gehandelt wurden, spiegelt sich wohl nicht nur in der ganzen Lieferung, sondern auch im Detail der »2 Bund extra ff. Hamb. Federspuhlen« das Bemühen der Weimarer Theaterleitung, die (nur zum Teil vergütete) Mitarbeit des hochgeschätzten Dichters Friedrich Schiller zu honorieren.

Schillers ‹letzte Feder›

um 1805

Länge: 23 cm

Gänsekiel; Bruchstellen, Tintenreste

Ohne ein Federmesser wäre aber selbst der beste Gänsekiel schon nach kurzem unbrauchbar geworden. Denn so elastisch und problemlos dieses Werkzeug jede Schreibbewegung umzusetzen wußte, so schnell begann es zu zerfasern, seine Kontur zu verlieren und häßliche Spuren zu hinterlassen. Deshalb mußte eine Feder ständig nachgeschnitten werden, wie Schiller etwa während der Arbeit an seiner ›Louise Millerin‹ ungeduldig bemerkt:»Da siz ich, spize Federn, und käue Gedanken« (an Wilhelm Reinwald, 3. Mai 1783, NA Bd. 23, 85). Mit jedem Schnitt kürzer, fraß zudem die Säure der Tinte an der Lebensdauer einer Feder. Und auch die Güte und damit Glätte des verwendeten Papiers spielte eine Rolle:»Zum Sechsten (schicken Sie mir) ein Buch recht gutes Schreibpapier, meine Louise Millerin darauf abzuschreiben. Das holländische stumpft mir die Federn so ab« (an Reinwald, 14. Februar 1783, NA Bd. 23, 66).

2

Ein Federmesser diente jedoch nicht nur zum Schneiden. Man konnte damit die Feder auch glätten, von Tintenresten reinigen, bereits Geschriebenes vorsichtig wieder auskratzen und Papierbogen falzen oder zerkleinern, wenn keine Schere zur Hand war. Federmesser mußten überall verfügbar sein und waren deshalb auch als »Einschlag Federmeßer« zu haben. Für das hier ausgestellte Klappmesser läßt sich allerdings kaum mehr feststellen, ob es das ‹englische› ist, das Schiller im Dezember 1799 erhielt.

2 **Federmesser**

um 1800

Länge: 13,3 cm

Klinge und Griff aus Eisen, Griff durch beinerne Auflagen verstärkt und mit stilisiertem Blattmotiv ornamentiert; stark korrodiert, dadurch Klappmechanismus zerstört, Klinge abgebrochen

Zur Not hätte Schiller mit seinem Federmesser auch einen Bleistift spitzen können. Nur scheint er nicht gern mit einem solchen geschrieben zu haben. Während Goethe »weit lieber zu dem Bleistift (griff), welcher williger die Züge hergab: denn es war mir einigemal begegnet, daß das Schnarren und Spritzen der Feder mich aus meinem nachtwandlerischen Dichten aufweckte, mich zerstreute und ein kleines Product in der Geburt erstickte« (aus: Dichtung und Wahrheit, in: Goethes Werke, Weimarer Ausgabe, Nachdr. 1987, Bd. I.29, 15), verwendete Schiller einen Bleistift meist nur für kurze Notizen oder Korrekturen. Mit den beiden Exemplaren der Lieferung von 1799 wird er deshalb für einige Zeit versorgt gewesen sein.

Vermutlich weil sie wenig haltbar und somit besser frisch und in kleinen Mengen zu kaufen war, fehlt unter den Schreibmaterialien des Weimarer Hoftheaters die Tinte für Schillers Gänsekiel.

Wie schon Generationen vor und noch einige nach ihm, schrieb auch der Dichter mit aus Galläpfeln und Eisensalzen hergestellter, je nach Mischung schwarz- bis hellbrauner Eisengallustinte. Er wird für sie aber noch handlichere Gefäße als das jüngst aus seinem Nachlaß aufgetauchte und durch eine Homerbüste auffallend charakterisierte Tintenfaß besessen haben.

3 **Tintenfaß mit Homerbüste**
um 1800

Höhe: 18 cm (davon Deckel mit Aufsatz: Höhe: 9,5 cm), Durchmesser: 9,2 cm

über profiliertem Sockel das Tintenfaß aus Messing in Form eines ornamentierten Säulenstücks mit glattem, flachem, vergoldetem Deckel, auf den eine bronzeartig patinierte Homerbüste montiert ist; Holz, Eisen, Stoff; Einsatz für Tinte (vermutlich Glas) fehlt, z. T. starker Abrieb, Tintenflecken

Überhaupt ist fraglich, inwieweit die Tintenreste an diesem Faß von Schiller selbst oder erst von seinen Nachfahren stammen. Und fraglich ist, ob das Tintenfaß tatsächlich als täglich benutzter Gegenstand oder vielleicht doch eher als Schmuckstück auf seinem Schreibtisch stand, da es im Verhältnis zur reinen Funktion nicht nur viel zu groß, sondern seines überdimensionierten Büstenaufsatzes wegen auch recht unpraktisch geraten ist.

Mit seinem schlichten Material, seiner flüchtigen Verarbeitung und additiven Herstellung aus vorgefertigten Teilen (gegossener Sockel, gewalztes Blech als Umhüllung für den getriebenen Einsatz), aber auch mit der unorganisch auf ihren Unterbau gesetzten, noch dazu als Griff mißbrauchten Büste Homers scheint dieses Tintenfaß in erster Linie das Produkt einer bereits auf Massenware ausgerichteten, arbeitsteiligen

3

Manufakturfabrikation zu sein. Um 1800 gab es längst die Möglichkeit, einige in Se-rienproduktion hergestellte Grundformen – Uhren sind hierfür ein besonders augen-fälliges Beispiel – je nach Käuferwunsch und Aufstellungsort mit politischen Leitfigu-ren, philosophischen Geistesgrößen oder auch Gestalten der antiken Mythologie zu kombinieren. Darunter war nicht zuletzt Homer ein beliebtes Motiv, dessen ideelle Aussage wichtiger war als der funktionelle Wert des verzierten Gegenstandes (vgl. dazu: Hans Ottomeyer/Peter Pröschel (Hrsg.), Vergoldete Bronzen. Die Bronzear-beiten des Spätbarock und Klassizismus, München 1986, Bd. I, S. 322 u. Abb. 5.8.2, 5.8.4, 5.14.7).

Da Schiller sich bekanntlich intensiv mit Homer auseinandersetzte, das eigene Schaffen immer wieder in maßnehmendem Bezug zu dessen Werk reflektierte (vgl. etwa Schiller an seinen Freund Christian Gottfried Körner, 28. November 1791 oder an Wilhelm von Humboldt, 26. Oktober 1795, NA Bd. 26, 113 bzw. NA Bd. 28, 83ff.), überrascht es nicht, diesen antiken Dichter auf seinem Schreibtisch zu finden. Aller-dings wird sich Schiller kaum selbst solch klassizistischen Nippes zulegt, das Tinten-faß wohl eher als Geschenk von Freunden erhalten haben.

Seine im Tintenfaß noch eher kurios dokumentierte Beziehung zu Homer hat ihren anspruchsvollen – und von Schiller zweifellos gewollten – Niederschlag im Portrait der Jugendfreundin Ludovike Simanowiz gefunden: Unmißverständlich wird hier mit der suggestiven Gegenüberstellung der beiden Dichter in der sich unter- und doch zugleich selbstbewußt zuordnenden Haltung Schillers ein angestrebtes dichterisches Ideal formuliert. Bezeichnenderweise hat Charles Schuler in seiner gestochenen Wiedergabe des Gemäldes eben diesen Aspekt überdeutlich akzentuiert.

 Portrait Friedrich Schiller

Charles Louis Schuler, nach dem 1793 entstandenen Ölgemälde Ludovike Simanowiz' (Schiller-Nationalmuseum)

1. Hälfte 19. Jahrhundert

24 x 16,4 cm (Platte)

Stahlstich: Friedrich Schiller als Dreiviertelfigur nach links vor einer im Hintergrund auf eckigem Marmorsockel erhöht plazierten Homerbüste sitzend

bezeichnet: Ch. L. Schuler sculps./ Friedrich von Schiller./ durch Kunstverlag W. Creuzbauer in Carlsruhe.

Erst um die Mitte des 17. Jahrhunderts entwickelte sich aus den zunächst nur lose aufeinander bezogenen Schreibutensilien die standardisierte Form des ‹stationären› Schreibzeugs mit Federhalter, Tintenfaß und Streusandbüchse.

Neben diesem immer aufwendigeren, an den Schreibtisch gebundenen Typus entstanden jedoch auch kleine, transportable Kästchen, die in der Regel gerade Platz genug für Feder und Federmesser, Tinten- und Sandfaß, mitunter aber auch für Bleistifte, Siegel und Siegellack boten. Aus bruchsicherem Material und mit möglichst festschließendem Deckel für die Tintenfäßchen ausgestattet, konnten sie problemlos überallhin mitgenommen werden.

Aus Schillers Besitz hat sich kein Tischschreibzeug, dafür aber eines für die Reise erhalten.

 Reiseschreibzeug

um 1780/1800

3 x 20,3 x 4 cm

schmalrechteckiges, aus zwei ineinandergesteckten Hälften bestehendes Kästchen aus Karton, Überzug rotes Leder mit zartem rautenförmigem Prägemuster und die Kanten doppellinig akzentuierender Blindprägung; in den mit blauem Papier ausgekleideten Ecken unter einer eingesteckten Lasche Streusand- und Tintenfäßchen aus versilbertem Metall; hohler, mit gelbem Papier ausgeschlagener Innenraum für Schreibgerät; stark abgestoßen, Tintenflecken

4 (Ausschnitt)

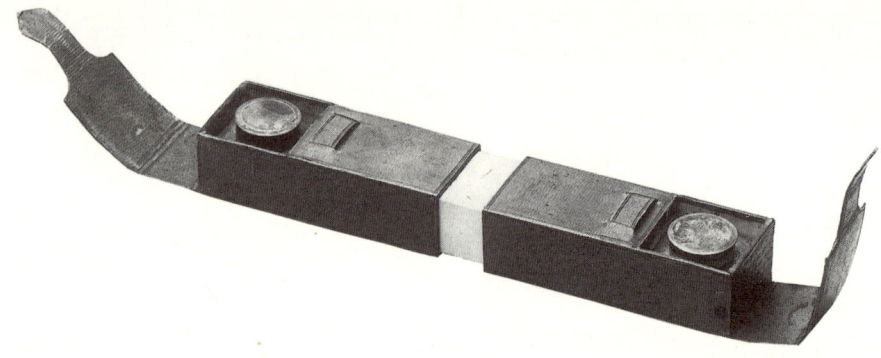

Der lederne Bezug dieses in seiner Schlichtheit eleganten Reiseschreibzeugs läßt eine sorgfältige Verarbeitung erkennen. Es wird somit keine ganz billige Anschaffung gewesen sein, die sich Schiller wohl erst einige Zeit nach seiner Anstellung als Professor für Geschichte in Jena 1789 hat leisten können. Auf diesen Zeitraum verweist auch die klare, strenge Erscheinungsform des Schreibzeugs und das zarte Ornament an den Deckeln der beiden Fäßchen.

Wie lange dieses Schreibzeug seinem Besitzer diente, ist kaum mehr festzustellen, auch nicht, ob es Schiller, wie seine Schreibmappe, noch 1804 auf seiner Reise nach Berlin begleitet hat.

 **Schreibmappe**
um 1795

31,7 x 25,2 cm (Vorderseite)

31,7 x 24,6 cm (Rückseite)

Karton, innen mit blauem, außen mit gelbem Papier überzogen, Rücken sowie obere und untere Kanten mit Leder verstärkt, Reste eines ursprünglich als Verschluß genutzten grünen Bandes; die Mappe ist am Rücken auseinandergebrochen, stark abgerieben und abgestoßen; Reste braunschwarzer Tintenschrift, -flecken und -kritzeleien sowie roten und gelben Siegellacks; zweifach nachträglicher handschriftlicher Vermerk vermutlich von Schillers Sohn Ernst (Vorderseite außen, Rückseite innen): »von Schillers Schreibtisch«

Im Gegensatz zu Schillers Reiseschreibzeug ist seine Schreibmappe allerdings ein eher nachlässig gearbeiteter Gegenstand. Dennoch muß diese Mappe Schiller so wichtig gewesen sein, daß er sie nicht nur kräftig benutzte, wie ihr mitgenommener Zustand zeigt, sondern bis zuletzt aufbewahrte. Und das nicht nur, um Schreibpapier zu Hause und auf Reisen zur Hand zu haben. Offensichtlich kam sie ihm um 1795 und dann noch einmal, fast zehn Jahre später, für Notizen gelegen.

Von Schillers Hand gibt es nur wenig, was den Charakter eines ‹Notizzettels› trägt. Umso größere Aufmerksamkeit verdient deshalb jedes erhaltene Zeugnis einer solchen flüchtigen Gedankenfixierung. Seltsam allerdings ist es, wenn sie sich, wie in diesem Fall, auf einer Schreibmappe befindet — falls damit überhaupt die Funktion dieser Mappe richtig gedeutet ist — und noch dazu die jüngeren Notizen auf ihrer Vorder-, die älteren Datums dagegen auf ihrer Rückseite stehen. Und seltsam ist ebenso, daß nahezu ein Jahrzehnt zwischen Schillers Vermerk zur Versendung von ‹Horen-Exemplaren› und zu seiner Rückreise von Berlin im Jahre 1804 liegt und mit beidem durchaus wichtige Ereignisse verbunden sind.

Die ältere Notiz auf der Rückseite der Mappe liest sich, soweit sie bisher zu entziffern war, folgendermaßen:

»1/4/9/6 HorenExempl.	Göthe.	7. 3/4.
	Meyer (Fr.Imh.)	I. Schreib.
	Humboldt	2 P
	Woltm.	2 P
	Fichte	2 P
	Herder	I P
	Coadjutor	I P
	nach Daenemark	2 P
	Körner	I S I P
	⟨…⟩	P
	Archenholtz	2 P. [?]
	⟨…⟩	I. S.
	⟨…⟩	4. [?] Schr.
	Klein	I. Schr.
	⟨…⟩	
	⟨…⟩	
	Erhardt.	
	Jacobi.	
	Kant.«	

[Schreib., S. oder Schr. steht für Schreibpapier, P. für Postpapier. Bei den nur zum Teil namentlich genannten Personen handelt es sich um: Johann Wolfgang Goethe, Johann Heinrich Meyer, Amalie von Imhoff, Wilhelm von Humboldt, Karl Ludwig Woltmann, Johann Gottlieb Fichte, Johann Gottfried Herder; Coadjutor steht für den kurmainzischen Statthalter in Erfurt, Karl Theodor Reichs-

6 (Rückseite)

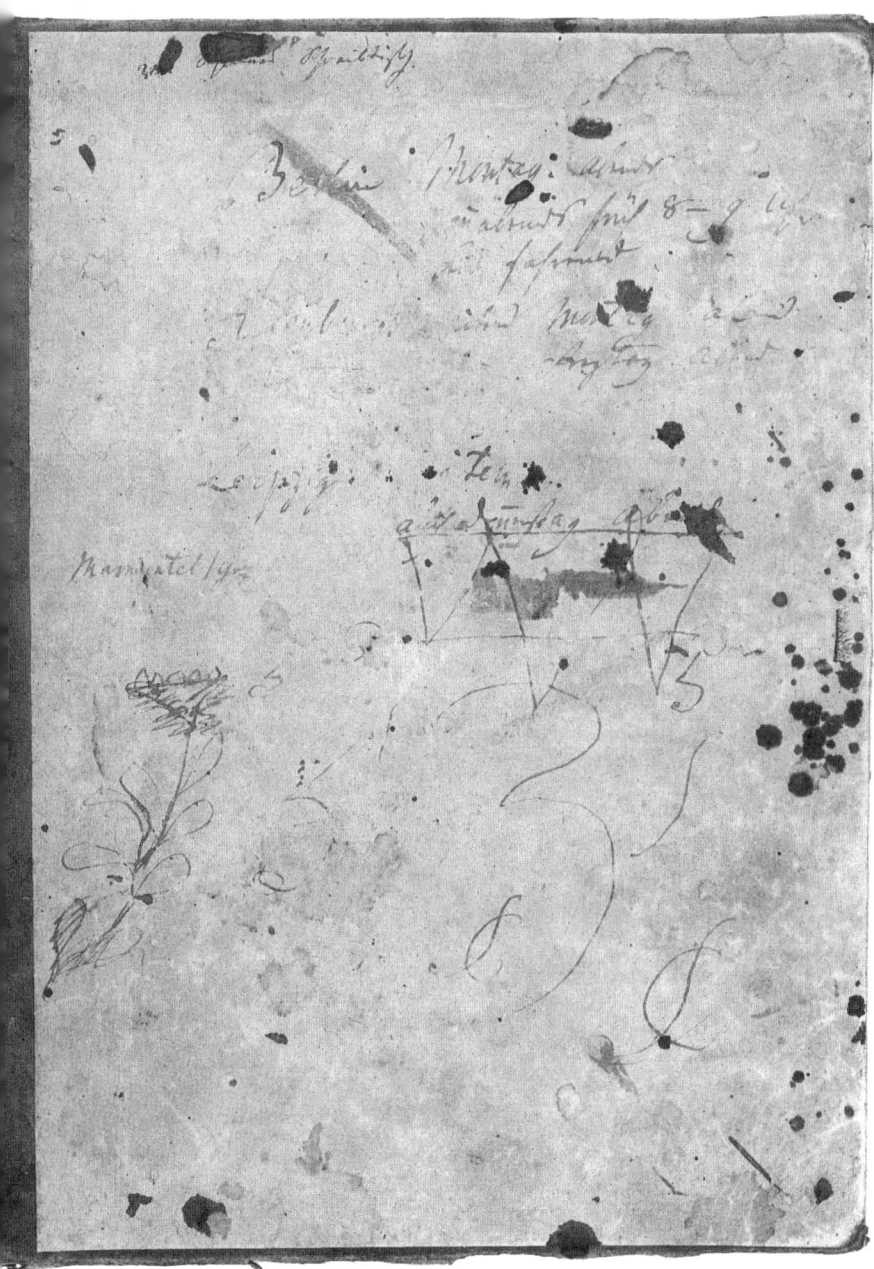

6 (Vorderseite)

freiherr von Dalberg; nach Daenemark steht für Herzog Friedrich Christian von Schleswig-Holstein-Augustenburg; Christian Gottlieb Körner, Johann Wilhelm von Archenholtz, Ernst Ferdinand Klein, Johann Benjamin Erhard, Friedrich Heinrich Jacobi, Immanuel Kant.]

Unzweideutig geht es bei dieser Aufstellung um die Versendung von (Beleg- und Werbe-)Exemplaren der seit 1795 bei Cotta in Tübingen von Schiller herausgegebenen Monatsschrift ›Die Horen‹. Je nach Empfänger wird zwischen auf Schreib- bzw. auf wertvollerem Postpapier gedruckten ‹Horen-Exemplaren› unterschieden. [Die für Goethe vermerkte Angabe von 7. 3/4. ist deshalb vermutlich als Unterteilung der für ihn vorgesehenen sieben Exemplare nach Post- und Schreibpapier zu verstehen. Möglicherweise geben auch die Zahlen 1/4/9/6, die nicht als Datum (etwa 1. April 1796) gelesen werden können, unterschiedliche Papiersorten an.]

Ohne im einzelnen näher darauf einzugehen, ist festzuhalten, daß es sich bei dieser Auflistung teils um Mitarbeiter, teils um Autoren handelt, die Schiller noch als Beiträger gewinnen wollte, aber ebenso auch um mögliche Rezensenten und schließlich um Schillers Freunde und Förderer.

Da in dieser Aufstellung noch Fichte erscheint, von dem sich Schiller bereits im Sommer 1795 deutlich distanzierte (vgl. NA Bd. 27, 221), aber auch Kant, der von Schiller im März 1795 zwei ‹Horenstücke› erhielt (NA Bd. 27, 153), sich jedoch sehr zurückhaltend hinsichtlich seiner (dann auch nie erfolgten) Mitarbeit äußerte (Kant an Schiller, 30. März 1795, in: NA Bd. 35, 182) – da sich zudem für fast alle der Genannten entsprechende Hinweise in Schillers Briefen vom Januar/Februar 1795 finden (s. u. a. Schiller an Cotta vom 13. Februar 1795, NA Bd. 27, 140 ff.), stammen die Notizen wohl aus dieser Zeit.

Einfacher lassen sich die Notizen auf der Vorderseite der Schreibmappe datieren, auch wenn hier kaum mehr als auf ihrer Rückseite zu erkennen ist:

> »Berlin Montag abends
> Soñabends früh 8–9
> Uhr
> früh fahrend
> Wittenberg abend Montag abend
> Freytag abend
> Leipzig item
> auch Doñerstag abend
> Marmontel/gez«

Schiller skizzierte hier den Rückweg von seiner letzten großen Reise, die er am 26. April 1804 recht unvermittelt von Weimar aus über Leipzig nach Berlin angetreten hatte, um nicht zuletzt die Bedingungen für eine Übersiedelung nach Berlin zu sondieren. Nach einem zweiwöchigen Aufenthalt in der preußischen Hauptstadt fuhr Schiller zunächst nach Potsdam, dann aber tatsächlich über Wittenberg (wo er am Freitag, dem 18. Mai 1804, übernachtete), Leipzig und Naumburg nach Weimar zurück (s. dazu Schillers Kalendernotizen vom 26. April bis 21. Mai 1804, in: Ernst Müller (Hrsg.), Schillers Calender, Stuttgart 1893, 163f.).

Ob der Hinweis auf den französischen Schriftsteller Jean François Marmontel ebenfalls aus dieser Zeit oder erst vom Januar 1805 stammt, als Schiller von Goethe Marmontels Autobiographie zur Lektüre erbat (Schiller an Goethe, 14. u. 20. Januar 1805, NA Bd. 32, 185 u. 188), ist ungewiß, wie wohl auch ungewiß bleiben wird, warum Schiller überhaupt und gerade diese Notizen auf seiner Mappe vermerkte. Wenn sie ihm zur Aufbewahrung seiner Papiere diente, dann möglicherweise für besonders gutes Schreibpapier, da Schiller meist ganz genau auf die Qualität der von ihm verwendeten Papiere achtete (s. dazu: Wisso Weiß, Schiller als Papierliebhaber, in: Marginalien. Zeitschrift für Buchkunst und Bibliophilie 40 (1970) 70–74). Seine Manuskripte entstanden meist auf lokal verfügbaren Schreibpapieren. Briefe an nahe Freunde, wichtige Kollegen oder Verleger wurden dagegen überwiegend auf holländischem Post- oder englischem Velinpapier verfaßt. Und auch für Vorzugsausgaben seiner Werke wurden, wie die Liste der ‹Horen-Exemplare› auf seiner Mappe unterstreicht, vielfach statt normalem Druckpapier verschiedene Schreibpapiere verwendet. Dabei verweist Schillers Unterscheidung nach Schreib- und Postpapieren hier wiederum auf ihre Herkunft aus einerseits lokalen, andererseits ausländischen, meist holländischen Mühlen.

Schreibpapier hatte sich im Laufe der Zeit zu einem Sammelbegriff für alle beschreibbaren Papiere entwickelt. Im Unterschied etwa zu Packpapier oder Druckpapieren mußte es geleimt sein, um überall Tinte anzunehmen, zugleich aber ihr Ausfließen oder Durchschlagen zu verhindern. Im einzelnen wurde Schreibpapier dann nach Qualität und Reinheit der verwendeten Lumpen, nach dem Grad ebenmäßig hellweißer Glätte der Oberfläche und schließlich nach Feinheit und Format der Bogen untergliedert: vom groben dicken Konzept- über mittelfeines Kanzleipapier bis zum dünnen, feinen und damit hochwertigen Post- und schließlich Velinpapier.

Als das beste und schönste Schreibpapier (weniger der Glätte als vor allem seines klaren Erscheinungsbildes wegen) galt zu Schillers Zeit das holländische. 1799 erhielt der Dichter deshalb mit jenem »½ Ries Holl. Brief Pappier« (als solches wurden in der Regel die mittleren und kleineren Formate des Postpapiers gehandelt), ähnlich wie mit seinen Hamburger Gänsekielen, vom Besten, was in dieser Hinsicht auf dem damaligen Markt zu haben war.

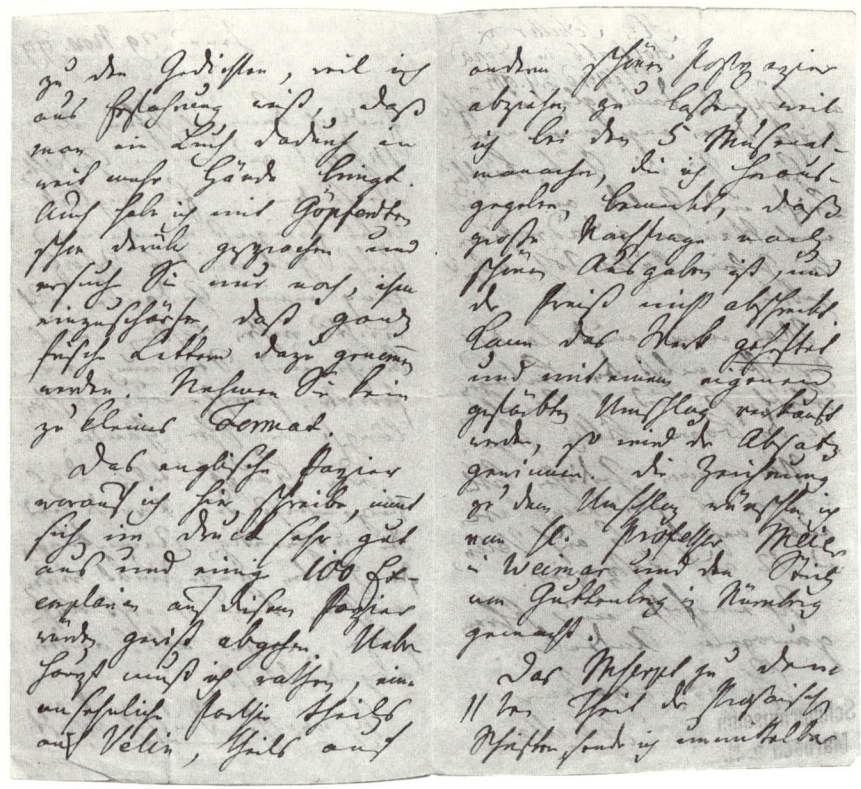

7

Noch höher als holländisches wurde allerdings das englische Velinpapier geschätzt. Denn was infolge der maschinellen Papiergewinnung im späteren 19. Jahrhundert längst als selbstverständlich galt, war für das handgeschöpfte Bütten erst um 1750 mit der Entwicklung feingewobener Drahtsiebe möglich geworden: Im Unterschied zum gerippten, sogenannten Vergépapier, das in seiner Lineatur noch deutlich die Spuren eines gröberen Siebes mit Rippen und Stegen erkennen läßt, verfügte das mit diesen neuen Drahtsieben erstmals in England geschöpfte Velinpapier (Velin in Anlehnung an das mittelalterliche Pergament, frz. vélin) erstmals über eine nahezu strukturlose, äußerst glatte, gleichmäßige Oberfläche.

Englisches Velinpapier (deutsches war erst nach 1795 erhältlich) wurde von Schiller als Briefpapier verwendet, wenn auch seltener als das im Verhältnis dazu ‹preiswerte›, gerippte aus Holland. Vor allem aber wünschte er englisches Velin, neben einfacherem Schreib- oder feinerem Postpapier, für Vorzugsexemplare seiner Werke:

»Das englische Papier worauf ich hier schreibe, nimmt sich im Druck sehr gut aus und einige 100 Exemplarien [von der mit Crusius vereinbarten Ausgabe seiner Gedichte] auf diesem Papier würden gewiß abgehen. Ueberhaupt muß ich rathen, eine ansehnliche Parthie theils auf Velin, theils auf anderm schönen Postpapier abziehen zu laßen, weil ich bei den 5 Musenalmanachen, die ich herausgegeben, bemerkt, daß große Nachfrage nach schönen Ausgaben ist, und der Preiß nicht abschreckt.«

7 Schiller an seinen Verleger Gottfried Leberecht Crusius, Jena, 29. November 1799
braune Tinte auf englischem Velinpapier, vermutlich aus der Mühle eines William Elgar, Kent

Um wie viel schöner das englische Velin tatsächlich war, wieviel besser sich zudem auf ihm schreiben ließ, zeigt der Vergleich von Schillers Brief an Crusius mit seinem auf gängigem Schreibpapier entstandenen Manuskript ›Körners Vormittag‹.

8 Körners Vormittag, 1787 (o. Abb.)
dramatischer Scherz anläßlich Christian Gottlieb Körners 31. Geburtstag; 12 Seiten, braunschwarze Tinte auf Kanzleipapier mit dem Wasserzeichen (zwei gekreuzte Schwerter zwischen CLK und Krone) einer bisher unbekannten, wohl sächsischen Mühle; die Angabe der Rollen auf einem angeklebten Zettel aus gröberem Papier

Das in voller Bogengröße verwendete Papier läßt deutlich seine ‹Rippen› erkennen, ist unregelmäßiger, dicker, gröber und dunkler. Entsprechend gleitet die Feder weniger leicht und geschmeidig über seine Oberfläche, dünnt die Tinte schneller aus und wirkt das Geschriebene spröder. Zugleich ist zu beobachten, wie Schiller, der bei seinem Brief an Crusius sorgsam auf ein ausgewogenes, bis in den gleichmäßigen Tintenfluß hinein kontrolliertes Schriftbild achtet, ›Körners Vormittag‹ unbekümmert kleckend niederschreibt und seine Feder helle und dunkle, dicke und dünne Buchstaben und Striche produzieren läßt.

Während ›Körners Vormittag‹ noch nicht am eigenen Schreibtisch entstanden ist, kann Schiller zwei Jahre später, nach seinem Umzug von Rudolstadt nach Jena, von seiner neuen, im übrigen möbliert gemieteten Bleibe berichten: »Eine Schreibcommode habe ich mir selbst machen lassen, die mich zwei Caroline kostet, und gewiß auf drei zu stehen kommen würde. Dies ist, wonach ich längst getrachtet habe, weil ein Schreibtisch doch mein wichtigstes Meubel ist, und ich mich immer damit habe behelfen müssen« (Schiller an Christian Gottlieb Körner, 13. Mai 1789, NA Bd. 25,

9

254; s. hierzu und für das Folgende auch: Martin Marquardt, Die Schreibkommode von Friedrich Schiller. Untersuchung und Entwicklung eines Restaurierungskonzeptes, in: Restauro H. 6 (1992) 373–381).

9 Zylindersekretär
1789

114,5 x 112,5 x 58 cm

zweischübiger Zylindersekretär auf konischen Beinen; unter dem Rollzylinder ausziehbare Schreibplatte sowie zwischen je 2 kleinen Schubladen durch Rolladen verschließbares Fach; Kiefer mit Birnbaumfurnier, gestreifte, Kanten, Schubladen und Schreibfläche akzentuierende Filetintarsien aus Ahorn- und

Zwetschgenholz, Schubladen und Rahmen durch architektonische Zierelemente (Birnbaum) gegliedert, Griffbeschläge vergoldetes Messing; ursprünglich vorhandene Metallrosetten fehlen, Schlüsselschild später; nachträgliches Messingschild »Schillers Schreibtisch«; starke Gebrauchsspuren, Ruß-, schwarze und rote Tintenflecken; mehrfach, zuletzt 1992, restauriert

Auch mit seiner Anstellung als Professor wurde der ständig über seine Verhältnisse lebende Dichter nicht reich. Daß er sich dennoch die Anschaffung eines ersten eigenen Schreibtisches leistete, mag in diesem Zusammenhang ein weiterer Schritt seines bis dahin eher ruhelosen Daseins in Richtung bürgerlich-seßhafter Existenz gewesen sein; kurz darauf erfolgte auch seine Verlobung mit Charlotte von Lengefeld.

Trotz knapper Mittel entschied sich Schiller zwar nicht für ein luxuriöses, jedoch durchaus wohlproportioniertes und klar gegliedertes Möbel, das als Zylindersekretär einer um die Mitte des 18. Jahrhunderts in Frankreich entwickelten, gängigen Schreibtischform entsprach. In seinen Details, aber auch mit seiner ursprünglich vorhandenen Mahagonifärbung läßt Schillers Schreibtisch zugleich den Einfluß englischer Vorbilder erkennen, die gerade im späten 18. Jahrhundert vielfach rezipiert wurden (vgl. dazu: Michael Stürmer, Der »englische« Ebenist Johann Friedrich Holzhauer jr., Weimar 1786, in: Restauro H. 5 (1993) 334–337).

Wieviele Jahre Schiller an seiner »Schreibcommode« gearbeitet hat, ist ungewiß, da er in Weimar, also nach 1799, einen zweiten, seiner gewachsenen öffentlichen Bedeutung und Anerkennung entsprechend größeren und repräsentativeren Schreibtisch besaß. An diesem noch heute in Weimar befindlichen Möbel entstanden Schillers späte Werke bis zu seinem Tod im Jahre 1805.

In der Nähe seines Schreibtisches, zunächst in Jena, später dann in Weimar, wird vielleicht auch Schillers Clio, die Muse der Geschichtsschreibung, ihren Platz gefunden haben.

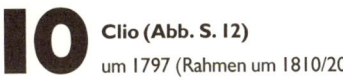

10 **Clio (Abb. S. 12)**
um 1797 (Rahmen um 1810/20)

124 x 110 cm (o. Rahmen)

Öl auf Leinwand; grisailleartig vor blauem Grund eine antikisierende Frauenfigur, die auf einem Schemel im Profil nach rechts sitzt, ihren linken Fuß auf ein als »Scrinium« bezeichnetes Gefäß mit Schriftrollen stützt und mit dem Griffel auf einer Tafel schreibt, darunter die Inschrift »Clio«; mehrfach, zuletzt 1994, restauriert; strenger, schlichter, furnierter Rechteckrahmen

Schiller hatte das Gemälde 1797 als eine Art Werbegeschenk zugesandt bekommen für die angeblich neue Technik »einer mechanischen Vervielfältigung« zum Zwecke einer »wahren, Auge und Geist zugleich befriedigenden Schönheit in den inneren

Verzierungen der Wohnungen« (Johann Böninger [Begründer des Mechanographischen Instituts] und Johann Peter Langer [dessen künstlerischer Berater und Vorlagenlieferant] an Schiller, 20. März 1797, NA Bd. 36 I, 458 f.). Auf eine entsprechende Nachfrage bei Goethe, der ebenfalls von diesem mechanographischen Institut mit einer Melpomene, der Muse der tragischen Dichtkunst, bedacht worden war, erfuhr Schiller, daß an diesen Gemälden zwar die »wahrhaft englische Accuratesse« zu bemerken, ihre Herstellung jedoch, wie auch bei ähnlichen englischen Versuchen, mitnichten mechanisch, dafür aber weitgehend arbeitsteilig zu denken sei (Goethe an Schiller, 22. April 1797, NA Bd. 371, 11 f.). Dennoch hat der Historiker Schiller diese Muse offensichtlich geschätzt und das Gemälde zugleich als fortschrittlichen Wanddekor für förderungswürdig erachtet (Schiller an Johann Peter Langer, 12. April 1797, NA Bd. 29, 61 f. sowie Schiller an Goethe, 14. u. 25. April 1797, NA Bd. 29, 63 u. 69).

Mit einem Griffel – wie die Schriftrollen traditionelles Attribut dieser Muse und eines der ältesten Schreibinstrumente überhaupt – hat Schiller allerdings nicht geschrieben.

Eduard Mörike (1804–1875)

»Hole der Henker die Federn von Stahl!«
(An Luise Walther. Zum zehnten Januar 1874,
s. Kat. Nr. 24)

Anders als Schiller hat Eduard Mörike nicht nur mit dem Gänsekiel, sondern auch mit Griffel und Bleistift geschrieben und dies nicht nur auf Schiefertafel und Papier, sondern mitunter auch auf Birkenrinden, Platanenblättern, Eierschalen, selbst dem Fensterladen seines Stuttgarter Gartenhauses. Und er hat sich, wie über so viele scheinbar unscheinbare Dinge seines täglichen Lebens, zu seinen Schreibwerkzeugen immer wieder geäußert, sie oft auch Verwandten und Freunden geschenkt. So stammen die meisten der hier gezeigten Stücke aus Mörikes Freundeskreis, sofern sie nicht direkt aus seinem Nachlaß erworben oder von seiner Familie gestiftet wurden.

In der Hauptsache schrieb aber auch Mörike mit der Feder – wenige Jahre nach Schillers Tod allerdings bereits in einer Zeit, die den Menschen durch die Maschine und damit auch den ‹handgerupften› Gänsekiel durch Stahlfedern, das alte handgeschöpfte durch maschinell erzeugtes Papier zu ersetzen begann. Gerade während der Frühphase dieser Entwicklung ist es kaum möglich, zweifelsfrei zu erkennen, ob schon mit der Stahlfeder oder noch mit dem Gänsekiel, ob noch auf Bütten oder bereits auf dem neuen Maschinenpapier geschrieben wurde. Wann und wie sich Mörike dieser ‹maschinellen Erzeugnisse› bediente, ist deshalb oft nur schwer zu entscheiden. Rundweg abgelehnt hat er sie keineswegs.

Aus Mörikes früher Mergentheimer Zeit hat sich ein nahezu komplettes, hölzernes Schreibzeug erhalten. Es ist ein schlichter, auch durch seine Profilierungen nur wenig charakterisierter Gegenstand, der sich jedoch anhand eines Briefes von Mörike an seine spätere Frau Margarethe Speeth vom 25. Juli 1846 recht genau datieren läßt.

In diesem Brief hat Mörike zwar vor allem in einer Blumenranke das »Symbol des Verlangens womit man Sie im Haus erwartet« beschrieben, zugleich mit dieser Blumenranke aber auch detailgenau sein eigenes Schreibzeug in einer Zeichnung festgehalten. Es kann somit nicht nach 1846, mit seinen weichen runden Formen aber auch nicht sehr viel früher entstanden sein.

Schreibzeug

(mit einem von Eduard Mörike geschnittenen Gänsekiel)

um 1840

13,5 x 24,5 x 11 cm

hölzernes, dunkelgebeiztes Schreibzeug, dessen vier unterschiedlich gedrechselte und profilierte Teile leicht asymmetrisch auf einer an den Kanten abgerundeten, in den Ecken durch knaufartige beinerne Aufsätze akzentuierten Platte mit flachen Kugelfüßen montiert sind: schlanker zylindrischer Federhalter, Tintenfaß mit Keramikeinsatz und Streusandbüchse mit Messingblech gedrungen, das Schälchen bauchig gerundet; Tinten- und Siegellackreste, starke Gebrauchsspuren, Holz mehrfach gerissen und ausgebrochen, Deckel für Tintenfaß fehlt

12 **Eduard Mörike an Margarethe Speeth, Mergentheim, 25. Juli 1846**
braune Tinte auf dünnem, leicht rauhem Maschinenpapier, die Zeichnung braune Tinte über Bleistift

Leihgabe: Deutschordensmuseum Bad Mergentheim

Obgleich wenig kunstvoll und aus formal heterogenen Einzelteilen zusammengefügt, ist dieses Ensemble ein typisches Beispiel für das ortsgebundene Schreibzeug.

Zunächst waren in der zweiten Hälfte des 16. Jahrhunderts (noch immer transportable) Kästen speziell zur Aufbewahrung von Schreibmaterial entstanden. Um 1650 entwickelte sich jedoch ein neuer, spätestens seit dem frühen 18. Jahrhundert dominierender Typus, der, nur geringfügig variiert, über zweihundert Jahre – und als stark reduzierte Luxusausgabe auch heute noch – die Grundform jeden Schreibzeugs definierte: Tintenfaß und Streusandbüchse, Federhalter und/oder Federschale bzw. -ablage auf einer Platte oder einem Tablett.

12 (Ausschnitt)

Diese Grundausstattung wurde mitunter durch Kerzen zum Siegeln, Kästchen für Siegellack, Tischglocken oder gar Kalender ergänzt – eine Erklärung für das kleine Schälchen bei Mörikes Schreibzeug kann allerdings keine dieser Zusatzfunktionen liefern.

Daß sich Mörike, der bis in die späteren fünfziger Jahre mit jedem Kreuzer rechnen mußte, keines der aufwendigeren Schreibzeuge aus Metall oder Porzellan leisten konnte, liegt nahe.

Aber selbst Tinte, die Mörike noch bei fliegenden Händlern (»‹Tinte! Tinte, wer braucht! Schön schwarze Tinte verkauf ich›,/ rief ein Bübchen gar hell die Straßen hinauf und hinab ...«, aus: ›Lose Ware‹, in: Eduard Mörike. Sämtliche Werke, München 1967, Bd. I, 731) oder in Apotheken, Buchhandlungen oder Druckereien kaufen mußte, bildete einen kostspieligen Posten in seiner Haushaltung. Jede entsprechende Gabe des immer wieder hilfreich unterstützenden Freundes Wilhelm Hartlaub wurde deshalb dankbar, wenn auch mitunter leicht verlegen, entgegengenommen: »Ich schreibe dieß mit Deiner eignen Tinte, die nach der pharmaceutischen noch immer nicht zu spät kommt. Die rothe aber zu behalten, mach ich mir (...) wirklich ein Gewissen« (Mörike an Hartlaub, 25. März 1845, in: MW Bd. 14, 231). Denn im Vergleich zur gängigen schwarzen bis braunen war rote Tinte recht teuer. Sie wurde von Mörike jedoch oft und gerne benutzt, um Gedichte und Briefe sinngemäß ‹einzufärben›, farblich abgesetzt einzurahmen oder auch mehrfarbig abzufassen.

Erst gegen die Mitte des 19. Jahrhunderts wurde Tinte fabrikmäßig hergestellt. Bis dahin konnte Mörike sie nur flüssig oder in pulverisierter, d.h. in Wasser oder Essig löslicher Form erwerben und mußte sich immer wieder über die mindere Qualität etwa von ‹schlechter rother Dinte› ärgern, die noch dazu rasch verdunstete, dickflüssig wurde oder gar zu schimmeln drohte.

13 **Beste Klara, halbes Leben!, Cleversulzbach, vor 1844**
Eduard Mörike an seine Schwester Klara
rote Tinte auf dickem, rauhem Papier

14 **Gänsekiel**
(von Eduard Mörike geschnitten)
Länge: 20 cm
starke Gebrauchsspuren, Reste roter Tinte

14

> Beste Klara, halbes Leben.
> So muß ich Dir es schriftlich geben
> Wie mein Herz Dich wünschen thut.
> Sieh, hier ist mein Herzens=
> blut,
> Matt und krank, wie schlech
> =te röthe Dinte,
> Damit schreib ich: Komm ge=
> schwinde
> Komm und gib mir neuen
> Muth!

13

War Tinte teuer, so der für jedes Schreiben unerläßliche Streusand billig zu haben. Er mußte keineswegs eigenhändig eingesammelt werden, auch wenn Mörike von einer Reise an den Bodensee 1840 an die Familie Hartlaub schreibt: »Wir schöpften eine

gute Portion halbfeuchten Rheinsand in meinen Mantelzipfel, um sämmtliche Schreibzeuge in Wermutshausen und Cleversulzbach damit zu versehen« (Mörike an Familie
Hartlaub, Charlotte und Klara Mörike, 5./6.Sept.1840, in: MW Bd. 13, 128).

Noch im Mittelalter hatte man Löschpulver verwendet, um ein Absinken der Tinte
in das zunächst grobe und rauhe Papier zu verhindern. Die qualitative Verbesserung
des Papiers führte jedoch umgekehrt bald dazu, daß das Geschriebene nur allzu leicht
verwischte und deshalb mit Streusand getrocknet werden mußte. Erst die Erfindung
eines geeigneten Löschpapiers im 19. Jahrhundert und immer glattere und geschlosse-
nere Papieroberflächen haben zusammen mit darauf abgestimmten, schnell trocknen-
den Tinten den Streusand nach der Jahrhundertwende allmählich überflüssig gemacht.

Bis dahin aber konnte Mörike den mitgebrachten Rheinsand noch nutzbringend
einer Tochter Hartlaubs mit folgenden Worten überreichen:

> »Ich bin das kleine Sandweiblein,
> Bring' guten Sand vom Alten-Rhein;
> Damit kann man so Brief als Predigt,
> Und was man etwa sonst benötigt,
> Allzeit aufs allerfeinste sandeln.
> Zwar unscheinbar und grau, wird er sofort
> Auch wohl sich nie in Gold verwandeln,
> Doch deckt er künftig manches goldne Wort.«
> (Mit Reisegeschenken für Hartlaubs, in: Mörike.
> Sämtliche Werke, a.a.O. 1970, Bd. 2, 509 f.).

Schrieb Mörike mit dem Griffel, was er häufig und vielfach im Liegen tat, so brauchte
er weder Tinte noch Streusand. Dabei diente ihm der Griffel, dieses in den unterschiedlichsten Formen schon seit dem Altertum verwendete, auch heute noch erhältliche Schreibgerät, offensichtlich dazu, erste Ideenskizzen auf der abwaschbaren
Schiefertafel festzuhalten oder auch weiter auszuarbeiten: »Ich habe mich heut früh,
wie schon mehrere Tage, mit meiner ›Landstraße‹ [d.h. seiner Novelle ›Mozart auf
der Reise nach Prag‹], der größeren Ungestörtheit wegen in dein Stübchen herüber-

15

gemacht, liebstes Clärchen, auf deine Matratze und bis jetzt – nach 11 Uhr – auf der Patentschiefertafel geschrieben« (Mörike an Klara, 27./28. Juni 1853, in: Hanns Wolfgang Rath, Von innerem Gold ein Widerschein. Ernste und heitere Musterkärtlein von, an und über Eduard Mörike, Frankfurt a. M. 1913, 85).

Mit seinem auf den 18. September 1853 datierten Griffel muß Mörike an der Mozart-Novelle gearbeitet haben. Denn dieses Datum stammt aus jener Zeit, als sich Mörike kurz vor dem Abschluß seines Werkes glaubte und noch nicht ahnte, daß er schon wenig später steckenbleiben und seine Novelle erst im Frühjahr 1855 würde beenden können (vgl. Hans-Ulrich Simon, Mörike-Chronik, Stuttgart 1981, 217f. u. 225).

15 Griffel
1853

Länge: 9,5 cm

Speckstein in Holzhülle mit ornamentaler Schnitzerei

datiert: 18 Spt 53

Auf Schiefertafeln wurden aber nicht nur Mörikes Gedanken notiert. Auch die Hauskorrespondenz zwischen ihm, seiner Frau Margarethe und seiner Schwester Klara spielte sich auf ihnen ab. Eine solche Tafel ist im Dezember 1845 in die Brüche gegangen und von den drei Korrespondenten mit einer letzten, des Täfelchens Ableben herzlich betrauernden (nun allerdings unauslöschlich eingravierten) Inschrift versehen worden:

»O liebes Taeflein! so zu enden!
Geh, fleh um einen Mitleidsblick
Für Dich und bring von zweien Händen
Ein Wort des Trosts auch mir zurück!« [Mörike]

»O Tafelein! so lieb auch mir
Wehmüthig sag ich Abschied dir
Trostwort: Nun wird ein Neues eingeweiht
In [Zu?] nächster schöner Weihnachtszeit.« [Klara]

»O Täfelein Du Liebesbot
Wie beklag ich Deinen Tod!« [Klara]

»Marienthal [Mergentheim] d 20/12 1845.« [Margarethe]

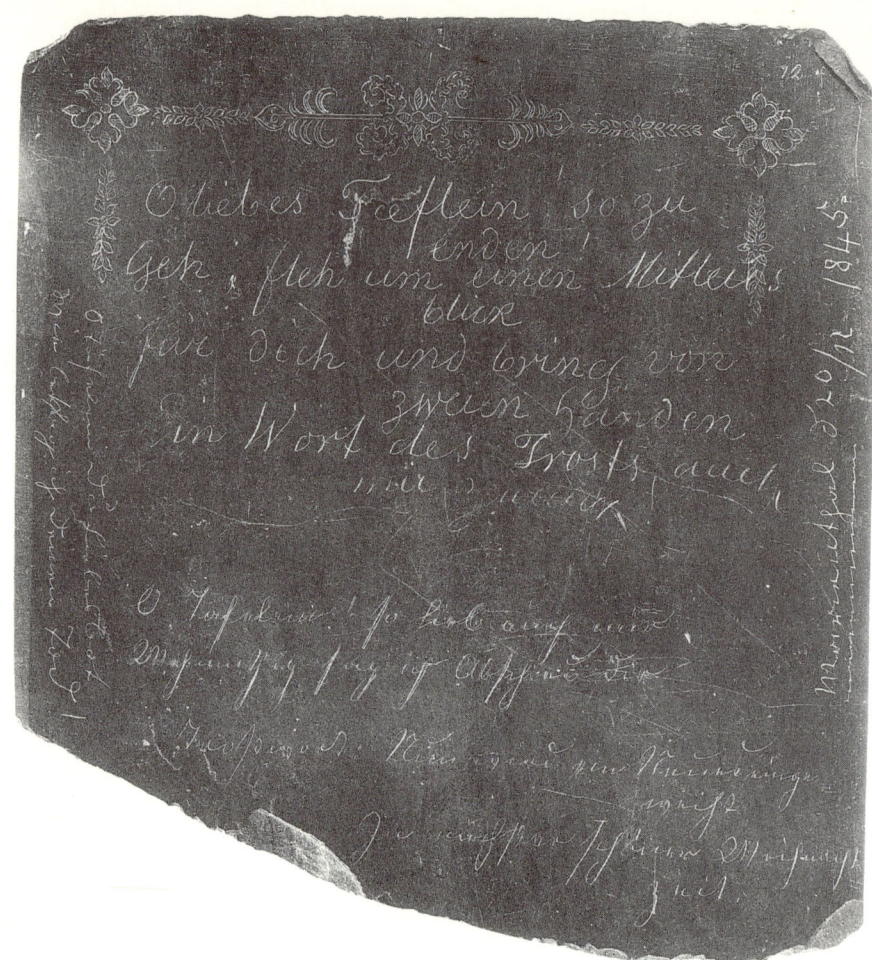

16 Schiefertafel
1845

13,8 x 12,7 cm

Schiefer mit eingraviertem Text und Ornament; Fragment einer ursprünglich größeren Tafel
datiert: Marienthal d 20/12 1845.

Oft tatsächlich krank, oft aber auch von seinen Angehörigen ins Bett gesteckt –
»versuchsweise, ob ich mir vielleicht einen bessern Tag dadurch mache« – , an seinem
stillen Zufluchtsort schrieb Mörike vieles, vor allem Briefe, auch mit Bleistift.

veröffentlicht von Fischer!

Merg. 17 März 47 Morg.

Ich fühle, im lebendigen Andenken an die geliebteste Freundin, das unabweisliche Bedürfnis, heut auch einige Zeilen (wär' auch nur mit dem Bleistift) an sie zu richten. (Das Clärchen sprach mich nemlich für diesen Vormittag ins Bett, versuchsweise, ob ich mir vielleicht einen beßern Tag dadurch mache.)

[weiterer Text in Bleistift, größtenteils unleserlich]

17 Eduard Mörike an Margarethe Speeth, Mergentheim, 17. März 1847
Bleistift auf relativ dünnem, glattem Maschinenpapier

Mit Bleischeiben wurde bereits in der Antike Papyrus liniert; Blei-, Zinn- und Silber-stifte dienten vor allem im späten Mittelalter zum Zeichnen und Schreiben. Den Blei- bzw. zunächst Graphitstift in unserem Sinne gibt es dagegen erst seit der Entdeckung von Graphitgruben 1565 in England. Da England für nahezu zweihundert Jahre das weltweite Monopol auf diesen Rohstoff besaß, waren solche in Deutschland erst nach der Mitte des 17. Jahrhunderts hergestellten Stifte noch zu Schillers Zeiten dreimal teurer als eine gute Feder. Mörike allerdings konnte seine Bleistifte bereits unbeküm-mert kurz- und kleinschreiben: Um 1800 war der rare, brüchige und mit seinen mineralischen Einsprengseln beim Schreiben oft kratzende Graphit durch eine homo-gene Ton-Graphitmischung ersetzt worden. Und auf dieser Grundlage hatte sich der Bleistift zu einem erschwinglichen, robusten, schließlich maschinell gefertigten und damit allgemein verfügbaren Massenprodukt entwickelt, das je nach Wunsch in unterschiedlichen Härtegraden zu haben war.

18 Bleistift
3. Viertel 19. Jahrhundert

Länge: 10,8 cm

Bleistift mit unbehandelter, hölzerner, gänzlich von ornamentaler Schnitzerei überzogener Hülle; gebraucht, Mine abgebrochen

19 Bleistift
wohl 3. Viertel 19. Jahrhundert

Länge: 17 cm

Bleistift mit braunlackierter Holzummantelung, an den Enden mit ornamentaler Schnitzerei sowie am oberen Ende den Buchstaben E. M.; nicht benutzt

Mörike hat sein Schreibwerkzeug aus einer spielerischen, dingbezogenen Freude heraus immer wieder hingebungsvoll verziert, datiert oder mit seinen Initialen verse-hen. Und doch muß er es zugleich als einen wichtigen Teil seiner (schreibenden)

Existenz empfunden, muß seiner vermittelnden Funktion zwischen Schreibendem und Geschriebenem einen besonderen Wert beigemessen haben. Wohl kaum hätte er sonst einen winzigen Bleistiftrest mit eingeprägtem EDUARD seiner jungen Frau geschenkt als »Überrest eines Regensburger Bleistifts, mit welchem Ed. an dem Mährchen vom Hutzelmañ schrieb. Andenken für mein liebes Gretchen. Decbr. 1852«. Mit diesem Bleistift verband Mörike nicht nur die Arbeit an seinem »Mährchen vom Hutzelmañ«. Er erinnerte damit zugleich die gemeinsam im Herbst 1850 bei Mörikes Bruder in Regensburg verbrachte Zeit, nach der er sich vermutlich endgültig zur Heirat mit Margarethe Speeth entschloß (vgl. Simon, Mörike-Chronik, a.a.O., 193f.).

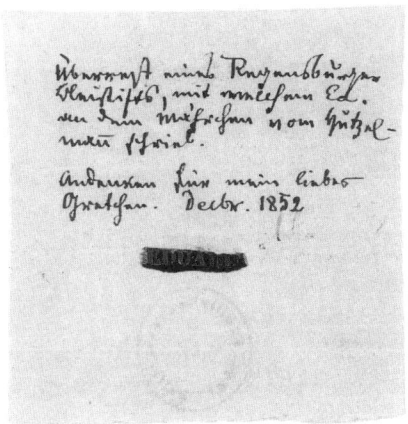

20 »Überrest eines Regensburger Bleistifts«
mit eingeprägtem EDUARD sowie handschriftlicher Notiz von Eduard Mörike (braunschwarze Tinte) auf glattem, dünnem, rosa Maschinenpapier, 1852

Bleistifte benutzte Mörike nicht nur zuhause. Sie begleiteten ihn auch auf seinen Wanderungen und Reisen. Problemloser zu transportieren als Feder und Tinte waren sie jederzeit, ob zum Schreiben oder Zeichnen, zur Hand. Daneben aber brauchte Mörike auch ein Reiseschreibzeug mit Feder, Tintenfaß und Streusandbüchse.

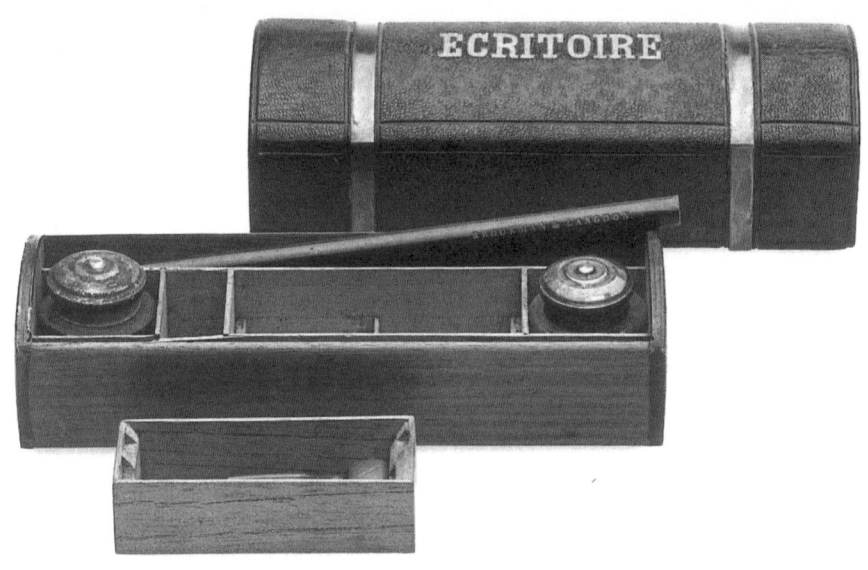

21 Ecritoire

2. Drittel 19. Jahrhundert

4 x 15,7 x 6 cm (geschlossener Zustand)

rechteckiges Schreibzeug mit leicht gewölbter Oberseite; Futteral aus Karton, innen mit rotem Papier, außen mit braunem Saffianleder überzogen, die Kanten durch Blindprägung akzentuiert, zwischen zwei querverlaufenden Messingbändern mit Blattgold aufgeprägt »ECRITOIRE«; Holzkästchen mit seitlichem Lederbezug zur Aufbewahrung der Schreibutensilien mehrfach und mit herausnehmbarem Einsatz unterteilt; Tintenfäßchen und Streusandbüchse aus Glas mit einfach profilierten, versilberten Metalldeckeln; Gebrauchsspuren, Ausbrüche, Tinten-, Sand- und Siegellackreste, ein unbenutzter Bleistift von Brookman & Langdon

Mörikes Reise-Ecritoire ist, ganz anders als sein Mergentheimer Schreibzeug, eine einheitliche, bis ins Detail präzise Arbeit, die mit ihrer gleichmäßigen Ausführung auf eine bereits industrielle Fertigung verweist. Dies vor allem, dazu die kompakte, leicht gerundete Erscheinungsform, aber auch, daß eher eine Stahlfeder denn ein Gänsekiel in ihm unterzubringen ist, läßt für das Schreibzeug eine Entstehungszeit gegen Mitte des Jahrhunderts vermuten. Da es wenig gebraucht erscheint, wird es Mörike eher in seinen späteren (Stuttgarter) Jahren, also nach 1851, erworben haben, falls er es nicht, etwa als Mitbringsel aus Frankreich, geschenkt bekommen hatte und deshalb schonte.

Nicht geschont, sondern kräftig verbraucht hat er allerdings seinen Siegellack, von dem sich in diesem Ecritoire einige rote und grüne Reste, teils in vorportionierten Plättchen, teils in Stangenform erhalten haben.

Gesiegelt wurde seit urdenklicher Zeit. Zunächst vor allem Urkunden und Erlasse, seit dem späten Mittelalter infolge einer rasch anwachsenden, zunehmend vielseitigen Individualkorrespondenz bald jeder Brief, so daß Siegel und Siegellack schließlich zu einem wichtigen Bestandteil des Schreibzeugs wurden. Da man briefliche Äußerungen meist nur als zusammengefaltetes und mit einer Adresse versehenes Blatt auf den Weg schickte, diente das Siegel des Absenders in erster Linie dazu, unerwünschte Leser fernzuhalten. Erst nachdem sich der Briefumschlag seit dem frühen 19. Jahrhundert (die zugehörige Briefmarke wurde um 1850 eingeführt) durchzusetzen begann, geriet das dadurch überflüssig gewordene persönliche Siegeln allmählich in Vergessenheit.

Mörike verwendete im Laufe seines Lebens mehrere Siegelringe und Petschafte, unter anderem auch einen Ring mit einer geflügelten Sphinx. Wie lange und warum der Dichter diesen Ring besaß, ist allerdings unklar. Sicher ist nur, daß er um 1837 in Cleversulzbach damit siegelte. Da sich der Ring im Nachlaß der Hartlaubschen Familie befand, hat Mörike ihn möglicherweise schon damals Wilhelm Hartlaub als Unterpfand ihrer in diesem Jahr nach längerer Unterbrechung wieder aufgenommenen Freundschaft geschenkt. Daß dieses Siegelmotiv eine tiefere Bedeutung für beide gehabt haben muß, zeigt eine kleine (allerdings flügellose) Sphinx, die Mörike noch Jahre später, am 18. Juli 1846, in den Sackkalender (Blatt 20) des Freundes zeichnete.

22 Siegelring
vor 1837

Durchmesser: 2,3 cm

geschmiedeter, damastierter Stahl über dünnem Silberreif mit dem queroval geschnittenen Siegelmotiv einer geflügelten Sphinx; Ring nachträglich durch eine Einlage verkleinert; starke Abnutzung

Mörikes Schreiben an Justinus Kerner aus dem Jahr 1837 ist mit seinem (Sphingen-) Siegel und seiner auf der Rückseite des eigentlichen Briefes notierten Adresse ein typisches Beispiel für die, vielfach noch bis um die Mitte des Jahrhunderts übliche, umschlaglose Form der Korrespondenz. Es ist zudem auf eher dickem, etwas rauhem Papier verfaßt, dessen noch in Schillers Schreibpapieren meist deutlich sichtbare Rippenstruktur nur mehr zu erahnen ist. Mörike hat somit für diesen Brief wohl ein Papier verwendet, das zwar handgeschöpftem Bütten noch sehr ähnlich ist, zugleich jedoch bereits den Übergang zu maschinell erzeugtem Papier markiert.

23
Eduard Mörike an Justinus Kerner, Cleversulzbach, 4. Juli 1837
schwarze Tinte auf relativ dickem, leicht rauhem Maschinenpapier mit Siegelausriß, rotes Siegel mit Sphinx am rechten Rand

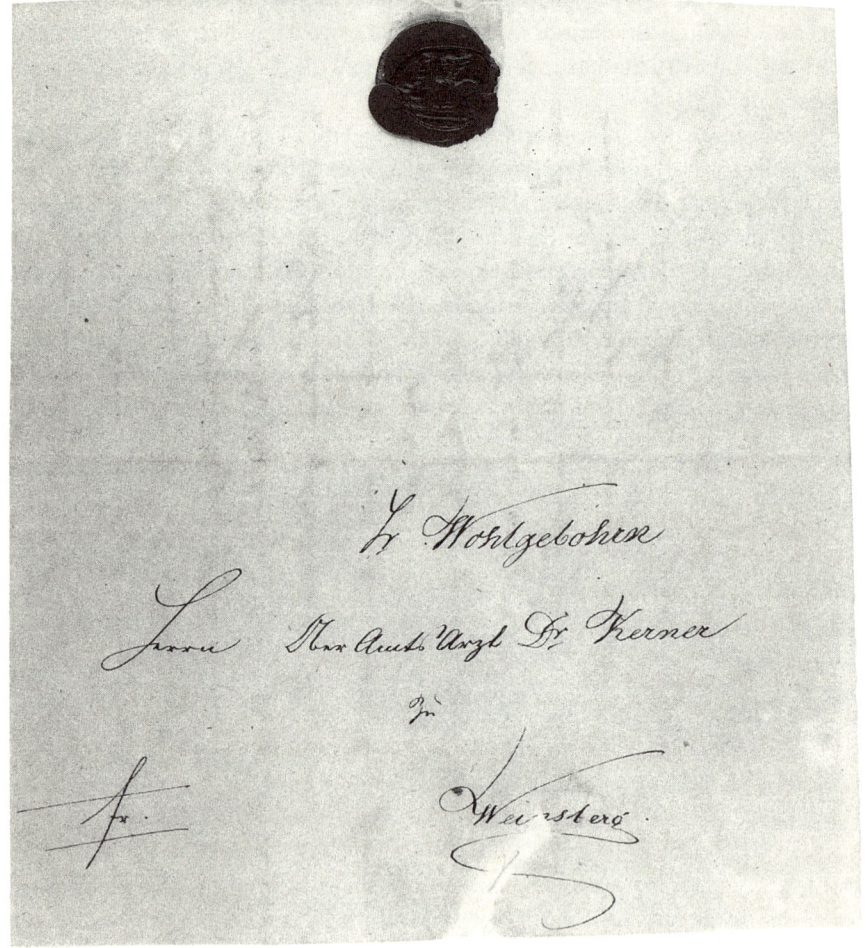

Im 18. Jahrhundert waren aus den traditionellen Steg- und Rippensieben für die Herstellung des strukturlosen Velinpapiers feingewobene Drahtsiebe entwickelt worden. Diese wiederum bildeten die Grundlage für die Siebe der um 1800 erfundenen Papiermaschinen und damit die entscheidende Voraussetzung für eine industrielle Papiergewinnung.

Das zunächst vor allem in England produzierte, zunehmend erschwingliche Maschinenpapier ersetzte auch in Deutschland spätestens ab 1840, in Württemberg sogar noch früher, das alte handgeschöpfte Bütten.

Gutes Papier – Bütten ebenso wie das im Unterschied zu heute damals höher geschätzte Maschinenpapier – war allerdings für Mörike lange Zeit eine Kostbarkeit. Bevor auch er sich um 1850, vor allem dann seit den sechziger Jahren feines, dünnes und glattes Papier leisten konnte, mußte er sich fast durchweg mit oft recht grobem, einfachem zufriedengeben. Wollte er besseres Schreib- und Postpapier verwenden, war er wiederum auf die Sendungen des verläßlichen Freundes Hartlaub angewiesen. Gleichwohl beschuldigte er diesen mitunter scherzhaft der »Avaritia Papyracea«, des Papiergeizes, wenn eine solche Sendung nicht ganz seinen Vorstellungen entsprach (s. etwa Mörike an Klara, 25.-26. September 1843, in: MW Bd. 14, 131). Wie für Schiller war auch für Mörike »das herrliche, rahmgleiche, appetitliche Weiß« eines Papieres, »welches dem besten Velin beinahe gleich kommt [und] bei einem Kaufmann RAPP in Öhringen für den beispiellos geringen Preis von 2 F [Gulden] und 30 oder 48 x [Kreuzer] das Ries zu haben (ist)« das höchste der Gefühle (Mörike an Wilhelm Hartlaub, 3.- 4. Dezember 1841, in: MW Bd. 13, 230).

Während sich Mörike ohne Umschweife des neuen Maschinenpapiers bediente, behagte ihm das Aufkommen maschinell und serienmäßig hergestellter Schreibfedern weitaus weniger.

Noch kurz bevor er starb, schenkte Mörike der treffsicheren Silhouettistin Luise Walther zu ihrem Geburtstag einige eigenhändig zurechtgeschnittene Gänsekiele. Die Freundin des Dichters, die nicht nur sein ›Stuttgarter Hutzelmännchen‹ mit Scherenschnitten ausgestattet hatte und ihn immer wieder portraitierte, sondern auch einen seiner beschnitzten Bleistifte (Kat.Nr. 18) besaß, erhielt dazu folgenden Kommentar:

An Luise Walther

Zum zehnten December
1874
Mit Schreibfedern.

Hol' der Henker die Federn von Stahl!
Ruf der alte Schmied einmal:
»Und wären's von Silber und Gold —
		gleichviel,
Ich bleibe bei dem Grundsatz!«

So thun wir es auch, liebe Luise.
Nun probier einmal diese!
Sie sind nicht zu hart und nicht zu weich,
Sie sind Dir gleich;
Das heißt, nach Deinem Charakter geschnitten.
(Fehlt ja noch etwas, helf' ich zur Noth —
Aber kein Anderer, will ich bitten!)
Und diese durft' ich gleich, halbt in Roth,
Euch ihr Tag in meinen Kalender zu
				schreiben:

Gesegnet soll er mir sein und bleiben!

_____

Ed. Mörike.

»›Hole der Henker die Federn von Stahl!‹
Rief der alte Schwind einmal:
›Und wären's von Silber und Gold – gleichviel,
Ich bleibe bei dem Gänsekiel.‹
So denken wir eben auch, liebe Luise.
Nun probier einmal diese!
Sie sind nicht zu fest und nicht zu weich,
Sie sind D i r gleich,
Das heißt, nach Deinem Charakter geschnitten.
(Fehlt je noch etwas, helf' ich zur Noth –
Aber kein Anderer, will ich bitten!)
Und Eine tunkt' ich gleich selbst in Roth,
Auf d e n Tag in meinen Kalender zu schreiben:
Gesegnet soll er mir sein und bleiben!«

24 An Luise Walther. Zum zehnten Januar 1874. Mit Schreibfedern.

schwarzbraune und rote Tinte auf relativ dünnem, glattem Maschinenpapier mit Stege und Rippen imitierender Strukturierung und einer Zierprägung der Initialen EM

25 Portrait Eduard Mörike (Abb. S. 51)

Luise Walther
1874
18,8 x 15,8 cm (Passepartoutausschnitt)
Mischtechnik: Brustbild im Dreiviertelprofil nach links
bezeichnet: Luise Walther. März 1874.

Der furiose Auftakt von Mörikes gereimter Widmung bedeutet dabei keineswegs, daß er die seit den frühen zwanziger Jahren des 19. Jahrhunderts in England produzierten stählernen Federn schlichtweg verdammt hätte. (Sofern sie ihm nützlich waren, hat Mörike technische Neuerungen durchaus begrüßt und das nicht nur im Bereich der Papierherstellung, wie seine Begeisterung über den Bau der Eisenbahn in Württemberg zeigt.)

Wenn sich schon »die l. Mutter kurz vor ihrer lezten Krankheit u. lange vorher [einer Stahlfeder] bediente«, muß auch der Sohn dieses neue Schreibgerät längst gekannt haben. Wann er es jedoch zum ersten Mal damit versuchte, läßt sich kaum feststellen, da sich gerade die frühen Stahlfedern einem gleichmäßigen Strich widersetzten und im Geschriebenen nur schwer von einem Gänsekiel zu unterscheiden sind.

26 Stahlfeder von Mörikes Mutter Charlotte Dorothea

mit handschriftlichem Vermerk Eduard Mörikes (schwarze Tinte) auf dickem, rauhem
Papier

vor 1841

Länge: 14,8 cm (mit hölzernem Federhalter)

Herstellerfirma auf der korrodierten Stahlfeder nicht mehr zu erkennen, deutlich jedoch der Herstellungsort »London«

Obgleich sie robuster und langlebiger waren, vor allem nicht mehr geschnitten werden mußten, gelang es den Stahlfedern in Deutschland erst in den siebziger Jahren, sich endgültig gegen den ‹nie zu harten, nie zu weichen› Gänsekiel durchzusetzen: Zunächst nämlich bohrte sich die noch unflexible Spitze in die Oberfläche des Büttenpapiers, hielt der Stahl der sauren traditionellen Eisengallustinte nur kurze Zeit stand und waren insbesondere nur wenige standardisierte Ausführungen zu haben. Erst die Verbesserung von Maschinenpapier, Tinten und Stahl und die Entwicklung unterschiedlichster Federtypen ließen die Stahlfeder Gemeingut werden. Dennoch haben nicht nur Mörike und der Freund und Maler Moritz von Schwind die Qualitäten dieses glänzenden Massenprodukts weiterhin skeptisch beurteilt, da es trotz aller Vorteile weniger willig als der individuell zu schneidende Gänsekiel der schreibenden Hand gehorchte.

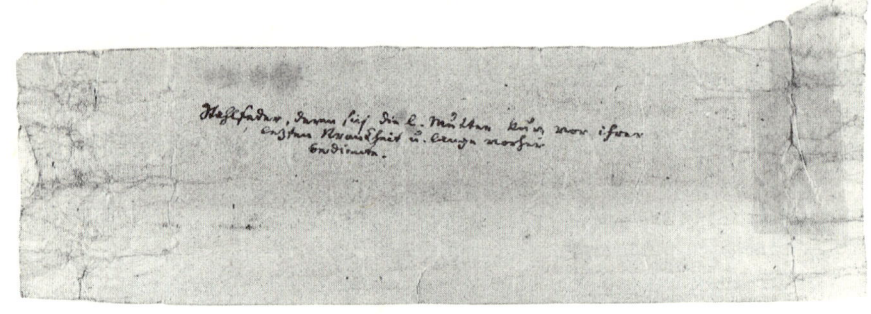

Ob nun mit Gänsekiel oder Stahlfeder, geschrieben hat Mörike, der nie einen Schreibtisch im engeren Sinne, überhaupt erst spät eigene Möbel besaß, wohl meist auf einem Tischpult.

Entwickelt hat sich das Tisch- oder auch Schreibpult bereits in der Spätgotik aus dem mittelalterlichen Lesepult. Zunächst wenig mehr als eine schräge Schreibunterlage, verwandelte es sich bald in einen aufwendigen Kasten mit Fächern und Schubladen, der sowohl im Hause benutzt, als auch auf Reisen mitgenommen wurde und auf jeder größeren Fläche abgestellt und zum Schreiben aufgeklappt werden konnte. Bis in das späte 19. Jahrhundert finden sich diese kleinen, praktischen Schreibmöbel, obgleich sich parallel dazu seit dem ausgehenden 17. Jahrhundert der Schreibtisch in seinen unterschiedlichen, zum Teil aus dem einfachen Tischpult hervorgegangenen Formen etablierte.

Bereits während seiner Zeit als Vikar in Owen hat der junge Mörike an einem Tischpult geschrieben. Zwar dichtete er dort mit Vorliebe auf einem »grünen Canapée« im Gartenhaus (Mörike an Luise Rau, 20. Mai 1830, in: MW Bd. 12, 111), saß aber auch an einem »Pulte« (Mörike an Luise Rau, 20. Februar 1831, in: MW Bd. 12, 180), das er unübersehbar auf einer Zeichnung seiner dortigen Vikarsstube wiedergegeben hat: Über die eigentümlich leere und – aufgrund des zu hoch angesetzten Fluchtpunktes – rasch ansteigende Fußbodenfläche hinweg fällt ein erster Blick direkt auf Mörikes nahezu ins Zentrum gerückten ‹Schreibtisch› und gleitet nur deshalb gleich zum links am Ofen lehnenden Vikar hinüber, weil dieser nicht nur größer, sondern als Selbstportrait unmittelbar interessanter ist als das auf einen Tisch im Hintergrund verbannte Pult. Dennoch scheint Mörike hier, wie später auf seiner Zeichnung für Margarethe Speeth (Kat.Nr. 12), ganz bewußt sein Schreiben thematisiert zu haben.

27 Die Vikarsstube in Owen
Eduard Mörike

1830

lavierte Federzeichnung über Bleistift

10,8 x 11,4 cm

datiert und signiert: delin: Owen d. 7 Jan 1830

Ein eigenes Schreibpult erstand sich Mörike jedoch erst zwanzig Jahre später, kurz nachdem er von Mergentheim nach Stuttgart umgezogen war. Möglicherweise wurde er zu dieser lange ersehnten – für seine häufig den Wohn- und Schreibort wechselnde Lebensweise bestens geeigneten – Anschaffung durch seine im Oktober 1851 am Stuttgarter Katharinenstift begonnene Lehrtätigkeit oder gar die bevorstehende

delin: Caven d: 7 Jan 1830

27

Hochzeit mit Margarethe Speeth ermutigt. Über seinen gelungenen Kauf berichtete
Mörike Wilhelm Hartlaub:

»Bei der berühmten Auktionstyrannin Hermann in der Neckarstraße fand ich
neulich eine Schreibschatulle aus Mahagoniholz mit Palisanderstreifen eingelegt, verschiedenen Behältern, Schreibzeug pp ganz so wie ich sie wünschte, zu 3 f [Gulden] 24;
sie kostete neu zum wenigsten 1 Carolin [ca. 11 Gulden], da sie sehr hübsch, solid u.
wahrscheinl. französische Arbeit ist.«

28

Eduard Mörike an Wilhelm Hartlaub, Stuttgart, 11. Oktober 1851
braune Tinte auf dünnem, glattem Papier

Der furnierte, durch eine sparsame Intarsierung zurückhaltend gegliederte Kasten ist zu einfach gebaut, vor allem im Detail zu wenig charakterisiert, um als spezifisch »französische Arbeit« gelten zu können. Dennoch ist er anspruchsvoller als Mörikes Mergentheimer Schreibzeug und läßt damit – wie etwa auch das immer bessere, schließlich mit seinen Initialen ‹standesgemäß› geschmückte Papier (Kat.Nr. 24) – erkennen, daß Mörike sich allmählich größere Ausgaben erlauben konnte und längst nicht mehr jeden Kreuzer drehen und wenden mußte.

29 Tischpult
um 1840/50

22,9 x 41 x 26 cm (geschlossener Zustand)

zweiteiliger, schlichter Rechteckkasten aus Holz, mahagonifurniert mit Palisanderintarsien, seitlich als Griffe vergoldete, florale Messinggirlanden; bei aufgeklapptem Zustand pultartige Schreibfläche, die zwei z. T. mit türkisfarbenem Papier ausgekleidete Fächer verdeckt und nach oben durch eine Ablage für Schreibgerät mit seitlichen Vertiefungen für Tintenfaß und Streusandbüche (Glas mit Metallring) abgeschlossen wird; unter der Ablage Geheimfach hinter vorgeblendeter Leiste; Gebrauchsspuren, Tintenflecken, Tintenfaß beschädigt; Griffe nachträglich; mehrfach, zuletzt 1988 restauriert, 1994 Schreibfläche neu mit Leder bezogen

Leihgabe: Städtisches Museum Ludwigsburg

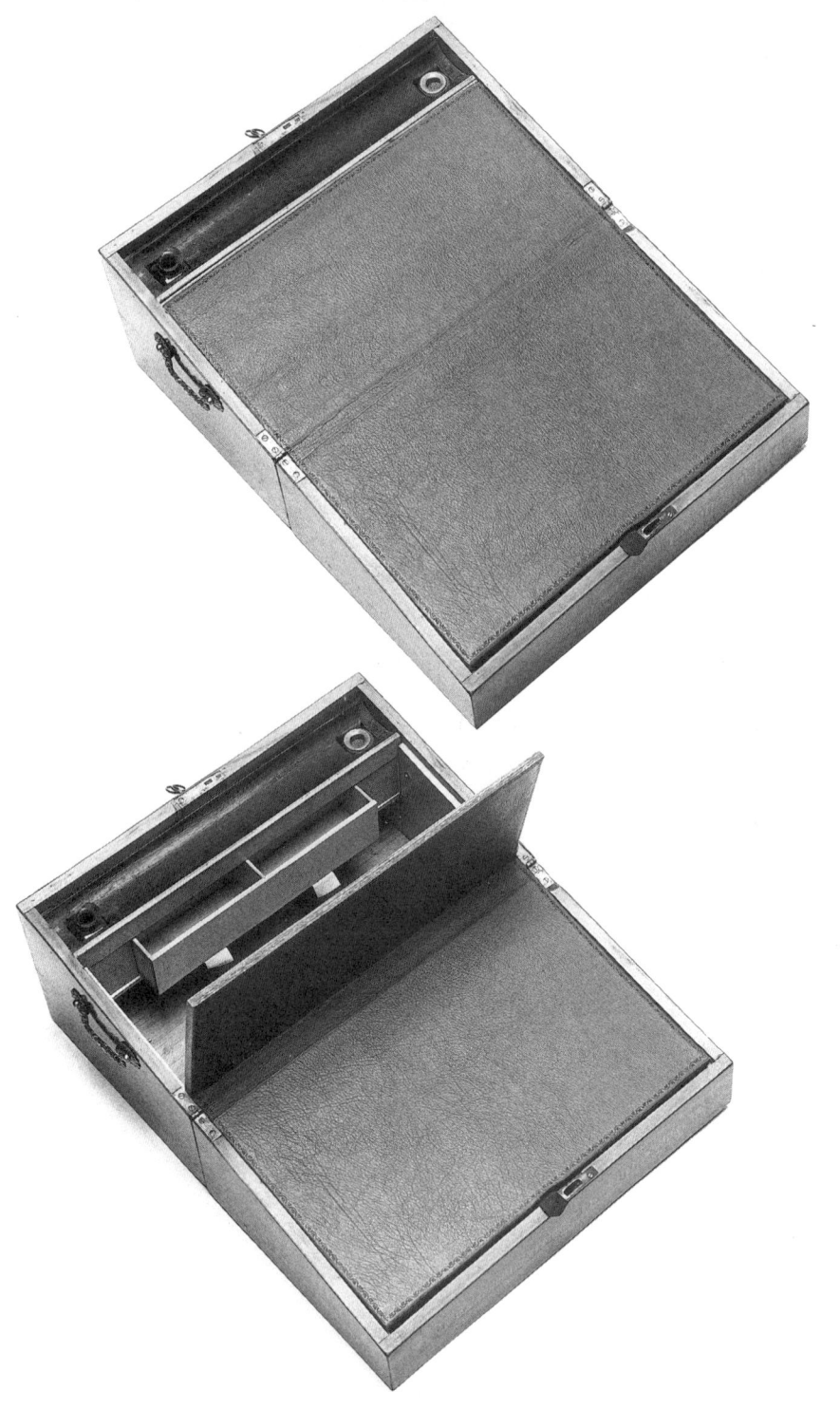

Hermann Hesse (1877 – 1962)

»Ich bin der einzige in Gaienhofen,
der maschineschreiben kann ...«
(an Otto Kimmig, 11. März 1908,
in: Hermann Hesse. Gesammelte Briefe, Frankfurt a. M. 1973, Bd. 1, 149)

1908 erwarb Hermann Hesse seine erste Schreibmaschine. Zu diesem Zeitpunkt war
ein solcher Kauf nicht nur im kleinen Bodenseeörtchen Gaienhofen, wo Hesse seit
1904 mit seiner Familie lebte, sondern auch unter seinen schreibenden Kollegen noch
ein ungewöhnlicher Schritt (s. Volker Michels' Nachwort »Und alle Nähe ist versun-
ken ...« Hermann Hesse im Flugzeug, in: Hermann Hesse, Luftreisen, Frankfurt a. M.
1993, 30f.). Hesses Entschluß, statt ausschließlich mit der Hand, auch mit der Maschine seine Gedanken zu Papier zu bringen, ist von ganz anderer Tragweite als Mörikes
zögerlicher Griff nach der stählernen Weiterentwicklung des Gänsekiels. Und wenn
Kurt Tucholsky noch 1931 in einem Beitrag für die Vossische Zeitung fragt »Darf man
tippen?« (in: Gesammelte Werke, Frankfurt 1961, Bd. 3, 749–751), wieviel mehr muß
Hesse diese neue Technik mit all ihren Konsequenzen für sein Schreiben beschäftigt
haben. Es überrascht deshalb nicht, daß er sich nach den ersten Versuchen mit und auf
seinem neuen Schreibgerät in Briefen, aber auch öffentlich dazu äußerte.

Entsprechend weniger interessierten ihn seine sonstigen Schreibutensilien, obgleich er bei der Wahl seiner Federn, Stifte und Papiere genauestens auf deren
Beschaffenheit achtete und durchaus penible Ansprüche haben konnte, wie sein über
Jahrzehnte sich erstreckender Briefwechsel mit dem Züricher Warenhaus Jelmoli
anschaulich illustriert.

Die ausgestellten Schreibwerkzeuge Hermann Hesses stammen durchweg aus
seinem Nachlaß, in dem sich allerdings – so reichhaltig er in dieser Hinsicht ist – Hesses
sorgsam gehütete Mörike-Feder nicht mehr nachweisen läßt:

»Unter den paar Reliquien, die ich besitze und trotz der Spielerei werthalte, ist
auch eine stark abgenützte Gänsekielfeder, die der selige Eduard Mörike mit seiner
leichten, geschickten Hand geschnitzt, gespalten und zum Schreiben benützt hat. Der
hätte sich niemals eine Schreibmaschine gekauft, auch wenn er das Geld dazu gehabt
hätte. Was der in seinem langen, recht müßiggängerischen Leben an Federschnitzeln,
Schönschreibkünsten, Ostereierbemalen und sonstigen Allotria vergeudet hat, ist
nicht auszurechnen. Er hätte mit einem Gran von Ökonomie bequem dreimal soviel
schreiben können, und wir wären froh daran. Aber der Faulpelz tat es nicht. Seine
Schnurrpfeifereien waren ihm gerade so wichtig wie das Schicksal der deutschen
Literatur« (aus: Die Schreibmaschine, in: März H. 4 (1908) 378).

Bis 1908 hat aber auch Hermann Hesse wie der »selige« Mörike mit einer Feder geschrieben.

Der 1883 in Amerika erfundene, zu dieser Zeit in Deutschland noch wenig verbreitete und recht teure Füllfederhalter tauchte bei Hesse erst Jahre später auf. Kugelschreiber, seit den dreißiger Jahren zu haben, wurden von Hesse kaum je benutzt, auch nicht, als sie sich nach dem Zweiten Weltkrieg zu einem billigen Massenprodukt entwickelt hatten. Bleistifte allerdings dienten ihm zu (oft nächtlichen) Notizen, Korrekturen, Entwurfsskizzen oder Tagebuchaufzeichnungen. Mit der Stahlfeder, die sich längst in ein elastisches, rostfreies Werkzeug verwandelt hatte, schrieb Hesse vor allem Manuskripte und Briefe.

Nach dem Kauf seiner Schreibmaschine verlor die Stahlfeder jedoch als wichtigstes Schreibwerkzeug an Bedeutung, da die ständig wachsenden Korrespondenzberge bald nahezu ausschließlich mit der Maschine abgetragen und auch die Druckfassungen der Manuskripte nun getippt wurden. Seit Ende des Ersten Weltkriegs entstanden zudem die Manuskripte mehr und mehr mit Hilfe einer Füllfeder. Die Stahlfeder – allerdings weniger spezielle Zeichen- als weiterhin ganz bestimmte Schreibfedern – verwendete Hesse schließlich fast nur noch für seine aquarellierten Federzeichnungen. So erkundigte er sich etwa 1937 bei Olga Klöti, der langjährigen Sekretärin seines Mäzens Fritz Leuthold, der zugleich Direktor des großen, noch heute in Zürich existierenden Warenhauses Jelmoli war: »Vor Jahren gab es bei Jelmoli eine sehr spitzige harte Schreibfeder, die ich lange Zeit zum Zeichnen benützt habe, ich lege Ihnen eine der letzten, die ich noch habe, bei (…) Ich brauche zum Zeichnen wieder eine ähnliche Feder« (Hesse an Olga Klöti, Januar 1937).

Mit der hier gezeigten, recht einfachen Stahlfeder hat Hesse, nach Auskunft seines Sohnes Bruno, zwar auch geschrieben, in erster Linie aber wohl gezeichnet, was auch die Tuschereste an Feder und Halter vermuten lassen.

30

Stahlfeder mit Ablage

Länge: 18,8 cm (Feder mit Bambushalter)

1,5 x 4,5 x 3 cm (Ablage)

Stahlfeder (Heinzte & Blanckertz FF Fabrik-Berlin T6) und Halter mit Tuscheresten; die geschwungene Ablage aus Messingblech an den Enden eingerollt

Leihgabe: Hermann-Hesse-Museum, Calw

Hermann Hesses erste Schreibmaschine war eine Smith Premier No.4. Dieses damals in Deutschland weit verbreitete Modell kam wie die meisten in jener Zeit aus Amerika, da sich Europa um 1900 noch in den Anfängen einer eigenen Schreibmaschinenproduktion befand.

Bis in das frühe 18. Jahrhundert lassen sich die Versuche zurückverfolgen, ein mechanisches Schreibgerät zu entwickeln. Doch erst 1874 gelang es der amerikanischen nachmaligen Remington Typewriter Company eine funktionale Schreibmaschine in Serie gehen zu lassen. Die berühmte, 1867 entwickelte Schreibkugel des dänischen Pastors Rasmus Malling Hansen, auf der Friedrich Nietzsche bereits 1882 schrieb, war zwar die erste industriell produzierte Schreibmaschine, jedoch zu umständlich und unpraktisch, um sich auf Dauer durchzusetzen.

Auf dem ersten »Typewriter« mußte nicht mehr wie bisher rund um eine Walze auf Papierrollen geschrieben werden; jetzt tippte man auf Einzelblättern von links nach rechts, vor allem erstmals wesentlich schneller als mit der Hand und konnte endlich ein einigermaßen regelmäßiges, sauberes Schriftbild erzeugen. Schon nach wenigen Jahren hatte sich die Schreibmaschine sowohl in Amerika als auch in Europa in Verwaltung, Wirtschaft und öffentlichem Leben ihren festen Platz erobert. Unter den Schriftstellern allerdings scheint Mark Twain mit dem Kauf eines solchen Typewriters bereits 1874 noch für Jahre die Ausnahme geblieben zu sein.

Hesse entschied sich für seine Smith Premier No. 4 wohl auch, weil sie gebraucht zu haben war, vor allem aber, weil sie seinen Wünschen weitestgehend entsprach:

»Übrigens ist mir die Maschine eine ganz unschätzbare Hilfe, die mir alles sehr erleichtert und ohne die ich's nimmer machen möchte. Ich kann also zum Kauf einer Maschine nur raten. Die meine ist eine amerikanische, überaus gut und bequem, mit fünf Jahren Garantie. Sie heißt »Smith Premier Nr. 4« und kostet allerdings neu 500 Mark (ich bekam sie fast neu für 420), hat aber viele Vorzüge. Ansehen, probieren und etwa auch kaufen können Sie sie bei L.Klingler am Schnetztor [in Konstanz], der die Vertretung hat. Außer Kleinigkeiten (wie daß man z. B. rot, blau, schwarz schreiben kann) hat sie den Hauptvorzug, daß auch die großen Buchstaben eine Klaviatur haben, es gibt kein »Umschalten«, und man kann stets mit allen zehn Fingern arbeiten. Zum

Schreibenlernen brauchte ich ohne Lehrer wenige Stunden, nach acht Tagen schrieb ich schon alle Briefe damit« (Hesse an Otto Kimmig, 11. März 1908 in: Briefe, a.a.O., Bd. I, 149).

Seine Smith Premier war zu dieser Zeit die gängigste Maschine mit einer Volltastatur; sie wurde noch bis 1922 hergestellt, obwohl es seit dem ausgehenden 19. Jahrhundert bereits Schreibmaschinen mit halb so umfangreicher Tastatur und Umschaltung für Groß- und Kleinschreibung gab. Daß sie außerdem mit zweifarbigem Band erhältlich war, muß Hesse zusätzliches Vergnügen bereitet haben, wie der »teils mehrfarbig getippte ornamentale Schmuck seiner ersten maschinengeschriebenen Briefe erkennen« läßt (Michels, Hesse im Flugzeug, a.a.O., 31). Dabei störte ihn auch nicht, daß seinem Modell noch immer ein direkt mitzuverfolgendes Schriftbild fehlte: »Sichtbare Schrift? Ich gebe keinen Pfennig dafür, ich bin froh, wenn ich mein Geschreibe nicht zu sehen brauche« (aus: Die Schreibmaschine, erstmals in: Berliner Tagblatt, 3. April 1927, zitiert nach: Hermann Hesse, Kleine Freuden, Frankfurt a. M. 1977, 221).

31 **Schreibmaschine »Smith Premier No.4«**
1904 (Nachfolgemodell der seit 1888 von der Smith Premier Typewriter Co., Syracuse, N. Y./USA produzierten Maschine)
33,5 x 36 x 41 cm (im Kasten)

Kasten und Maschine aus Metall, Volltastatur (mit Unteranschlag) aus schwarzem und weißem Kunststoff, schwenk- und kippbare Gummiwalze; starke Gebrauchsspuren; ausgestellt ist das von Hesse um 1926 gekaufte zweite, mit seinem 1908 erstandenen typengleiche Exemplar – das erste befindet sich in der Hermann-Hesse-Gedenkstätte in Gaienhofen
Leihgabe: Hermann-Hesse-Museum, Calw

Noch im November 1907 hatte sich Hesse dem Schweizer Schriftsteller und Freund Jakob Schaffner gegenüber wenig freundlich über Schreibmaschinen geäußert: »Goethe und andere, auch unbedeutende, haben neben vielen Geschichten her Massen von Briefen geschrieben. Und wenn alle die Verleger, Redaktionen, betriebsamen Literaten usw. keine Maschinen hätten, würde man nicht mit so viel Gewäsch beschossen. Es ist mit diesen Maschinen wie mit vielem: Die paar guten und freien Menschen werden gefördert, aber den Millionen Lumpen wird ihr Betrieb ebenfalls erleichtert. Wie schön wär's, wenn sämtliche Zeitungen einmal alles von Hand schreiben müßten!« (an Schaffner, 16. November 1907, Photokopie Volker Michels, Offenbach). Kurz darauf verkündete Hesse bereits, nun selbst ein solches Gerät erstehen zu wollen: »Hier ist mein Neujahrsbrief, zwar noch von Hand geschrieben, jedoch besteht die Absicht, eine Maschine zu kaufen. Denn ich sehe allmählich wohl, daß ich mich schämen muß und daß meine kindlichen Seifenblasen weit besser mit Dampf betrieben würden« (an Schaffner, 30. Dezember 1907, Photokopie Volker Michels, Offenbach).

Und schließlich erstattete er nach erfolgtem Kauf und ersten Erfahrungen Bericht: »Ich wollte Ihnen von meiner Schreibmaschine erzählen. Ihre Anpreisung und Ihr Beispiel, lieber Herr, sind daran schuld, daß ich mir sie gekauft habe. Ich muß sagen, ich habe meine Freude an dem sauberen Maschinchen, über dessen Vorzüge ich jetzt mir und Ihnen Rechenschaft geben will.

Vor allem das Handgelenk! Früher tat mir nach einem fleißigen Tag die ganze Hand weh. Vielleicht hatte das ja sein Gutes, als ein Zuruf: Nicht zu viel! Aber Schreiben ist nun doch einmal unser Handwerk, und gegen das Zuviel sollte nicht der Schmerz im Handgelenk, sondern der Kopf sich verwahren.

Ferner: früher, beim Handschreiben, ging immer, wenigstens bei mir, in dem Hinmalen der Buchstaben und Zeilen ein ganzes Teil Mühe, Liebe, Kunst und Schnörkelei drauf, und wenn ich nachher meine mühsame und zierliche Fingerarbeit im nüchternen Druck wiedersah, tat es mir stets um das Verschwendete leid. Das fällt jetzt auch weg.

Und dann noch etwas, eigentlich die Hauptsache. Früher war zwischen Manuskript und Druck ein gewaltiger Unterschied. Die Sachen sahen in der Handschrift oft weit länger oder kürzer aus, als sie waren. Und leider sahen sie gern auch besser aus, als sie waren! So ein Manuskript, wenn man es überlas, schaute einen mit der vertrauten

Handschrift gar schmeichelnd an, wie ein Spiegel die Braut, man fand es recht wohlgeraten oder doch leidlich, auch wenn es arge Mängel hatte. Dagegen die kalte, druckähnliche Maschinenschrift, die fast schon wie ein Korrekturbogen wirkt, sieht einen streng, kritisch, ja ironisch und nahezu feindselig an, ist schon etwas Fremdes, Beurteilbareres geworden.

Außerdem hat das Maschinenschreiben den freilich nur vorübergehenden und einmaligen Vorteil, den jeder Bruch mit einer eingefleischten Gewohnheit hat. Der Übergang von der Hacke zum Pflug, von der Feder zur Schreibmaschine tut gut und regt an. Und das Geklapper, das ich so fürchtete, stört mich jetzt gar nicht. Also doch ein Fortschritt! Lächeln Sie nur! Ein kleiner technischer Fortschritt, ja, der vielleicht bald durch neue, größere ausgelöscht wird. In zehn Jahren sitze ich mit meiner schönen, teuren Maschine von 1908 schon nimmer so triumphierend da« (aus: Die Schreibmaschine, in: März H. 4 (1908) 377 f.).

Hesse schätzte an seiner neuen Errungenschaft, daß sie das Schreiben erleichterte und wesentlich beschleunigte. Wichtiger scheint ihm aber das anonyme Schriftbild dieser Maschine gewesen zu sein. Und dies nicht nur, weil es eine bessere Vorstellung vom späteren Druck vermittelte und für den Setzer problemlos zu lesen war – ein für Hesse, der in dieser Hinsicht zuvor vielfach mit seiner Handschrift Schwierigkeiten gehabt hatte, entscheidender Vorteil. Ausschlaggebend war offenbar, daß eine solche Maschinenschrift nicht nur als distanzierendes und distanziertes Gegenüber eine ganz andere Auseinandersetzung mit den eigenen Gedanken bot, sondern zugleich einen weitgehenden Rückzug des Autors hinter das eigene Werk ermöglichte. Daß eine Schreibmaschine zudem als äußerst praktisches Vervielfältigungsinstrument dienen konnte, sollte später ebenfalls eine Rolle spielen.

Bis zuletzt ging den maschinenschriftlichen Fassungen von Hermann Hesses Werken eine erste handschriftliche voraus. Umso überraschender ist der in seinem Romanentwurf ›Gertrud‹ zu beobachtende abrupte Übergang von der Feder zur Schreibmaschine. Fast will es scheinen, als habe es Hesse aus Begeisterung über seine Smith Premier und die eigenen neu erworbenen Fertigkeiten kaum erwarten können, den bereits mit der Hand begonnenen Roman auf der Maschine fortzusetzen: Der Punkt hinter einem eben noch im leicht unregelmäßigen Tintenfluß der Stahlfeder entstandenen Satz (»Und bald stand er vor dem Anwesen des Dominik Fuchs.«) wurde durch ein maschinelles Komma zum Semikolon ergänzt, danach unverzüglich weitergeschrieben (»; einem stattlichen, neuen Hause mit braunen Fensterläden und sauberen Scheiben.«). Die so ganz anders als eine Feder zu handhabende Maschine scheint Hesse dabei nicht verunsichert zu haben – gleichmäßig, wie zuvor kaum je korrigierend, setzte er die Arbeit nun ‹zweihändig› bis zur letzten Seite fort.

einem stattlichen, neuen Hause mit braunen Fensterläden und saubern Scheiben. Das Tor war ver-
schlossen und keine Glocke vorhanden. Hausten
pochte, erst an die Pforte, dann an alle erreich-
baren Fenster, doch gab niemand Antwort. Wohl
hatte er Hunger und Durst und eigentlich im Voraus beschlossen, zuerst ins Wirtshaus zu gehen, zu

32

Auf Dauer muß Hesse die mechanische Gesetzmäßigkeit seiner Smith Premier aber doch bei der ersten Niederschrift seiner Werke (möglicherweise ihres stark autobiographischen Charakters wegen) behindert haben; zumindest kehrte er schon wenig später zu handschriftlichen Erstfassungen zurück.

32 Gertrud

1908 entstandene, 1.(?) Fassung des 1910 erschienenen Romans;
Manuskript und Typoskript auf liniertem Maschinenpapier (Seite 84)

Die meisten von Hesses Druckvorlagen sind auf einer Smith Premier entstanden. Und auch wenn er bis 1961 immer wieder auf moderneren Schreibmaschinen schrieb (unter anderem seit den frühen fünfziger Jahren auf einer Remington), hing sein Herz an diesem ersten Modell, auf dem er »einst vor vielen Jahrzehnten, ganz am Beginn des Maschinenzeitalters, das Maschinenschreiben gelernt« hatte (Hesse, Die Schreibmaschine 1927, a.a.O., 221). In den späten zwanziger Jahren erwarb er sich gar –

wiederum antiquarisch, doch diesmal für nur sechzig Mark – ein zweites Exemplar, das er im Schaufenster eines Züricher Antiquariats entdeckt hatte: »Würdig und rührend wie eine alte Lokomotive stand sie da, zu einem Spottpreis feilgeboten, von jedem Lehrling belächelt, sie, die einst der Triumph und letzte Schrei der Technik gewesen war« (Hesse, Die Schreibmaschine 1927, a.a.O., 221).

Überraschenderweise existieren von dem so häufig portraitierten Schriftsteller Hermann Hesse bis in die frühen dreißiger Jahre kaum Darstellungen, die ihn schreibend zeigen und offensichtlich keine, auf denen er an seiner Schreibmaschine sitzt. Erst als der Maler Gunter Böhmer 1933 sein Nachbar und Freund in Montagnola wurde und der Photograph Martin Hesse seinen Vater mit der Kamera zu beobachten begann, hat sich dies geändert.

Ein relativ frühes Beispiel ist deshalb eine Zeichnung des jungen Gunter Böhmer, die ausschnitthaft Hesses Atelier in Montagnola und den an einem kleinen Tischchen sitzenden – der eigentliche Schreibtisch ist rechts im Bild nur angedeutet – und auf seiner Maschine schreibenden Dichter wiedergibt. Böhmers Zeichnung, die sich im Original bisher nicht nachweisen läßt, muß gegen 1934/35 entstanden und von Hesse als äußerst charakteristisch geschätzt worden sein. Denn um die Mitte der dreißiger Jahre diente sie ihm, wie immer wieder auch andere seiner Portraits oder sein Tessiner Wohnsitz, als ‹Signet› auf seinem Briefpapier.

33 (Ausschnitt)

33 Hermann Hesse an Olga Klöti, Mai 1935

mit der Smith Premier No.4 (2. Exemplar) geschriebener Brief auf unliniertem Briefpapier mit der Reproduktion einer Zeichnung Gunter Böhmers

Leihgabe: Hermann-Hesse-Stiftung, Marbach am Neckar

Aus derselben Zeit stammen die Aufnahmen von Martin Hesse, die den Autor erstmals auf der Maschine und mit der Füllfeder schreibend, aber auch mit der Stahlfeder zeichnend in seinem Haus in Montagnola festgehalten haben. Sie zeigen Hesse an seinen verschiedenen Arbeitsplätzen, im Studio als innerstem Bereich sowie im Atelier, in dem er auch geschrieben, vor allem aber gezeichnet hat.

34 Photoalbum »Montagnola II«

Doppelseite mit 14 Schwarzweißphotographien von Martin Hesse, 1935

(davon abgebildet: Hermann Hesse am Schreibtisch im Atelier (S. 66), im Studio (S. 67) sowie mit der Stahlfeder, dem Füller und an der Smith Premier No. 4)

Leihgabe: Hermann-Hesse-Stiftung, Marbach am Neckar

Martin Hesses Aufnahme des Ateliers gibt auch jenen Schreibtisch wieder, den Hesse sich nach genauen, auch gezeichneten Angaben bereits 1904 hatte anfertigen lassen:
»Den Schreibtisch [...] bitte ich Sie also in München machen zu lassen, so daß ich ihn Anfang oder Mitte August mir [nach Gaienhofen] senden lassen kann. Ich habe den Tisch gern etwa 80 cm hoch, jedenfalls nicht weniger, Höhe vom Boden bis zur Mittelschublade (Kniehöhe) = 61 bis 62 cm. Die Seitenschubladen denke ich mir so: [Zeichnung]

Diese oberste Lade links hätte ich gern (wenn es leicht einzurichten ist) extra verschließbar, mit kleinem einfachem Schlösschen, für Geld u. s. w. die andern Laden mit Griffen oder lieber so: [Zeichnung]
zum Herausziehen.

Da ich fast alle Laden für Papier, Briefe, Manuskripte u. s. w. benützen werde, kommt es auf die Höhe der einzelnen Lade nicht genau an. Im übrigen alle Masse (Länge und Breite der Tischplatte) wie bei Ihrem großen Tisch. Es liegt mir namentlich daran, daß die Tischplatte schön solid, glatt und eben ist, sich nicht etwa wirft, zieht u. s. w., daß das Ganze solid und stark gebaut wird, dafür werden Sie ja sorgen« (Hermann Hesse an den Maler und Architekten Hermann Haas, 2. Juni 1904, Photokopie Volker Michels, Offenbach).
In leichter Abwandlung ist daraus ein schlichter Schreibtisch aus Tannenholz entstanden. Ähnlich wie Schiller ließ Hesse sich dieses Möbel kurz vor seiner ersten Ehe

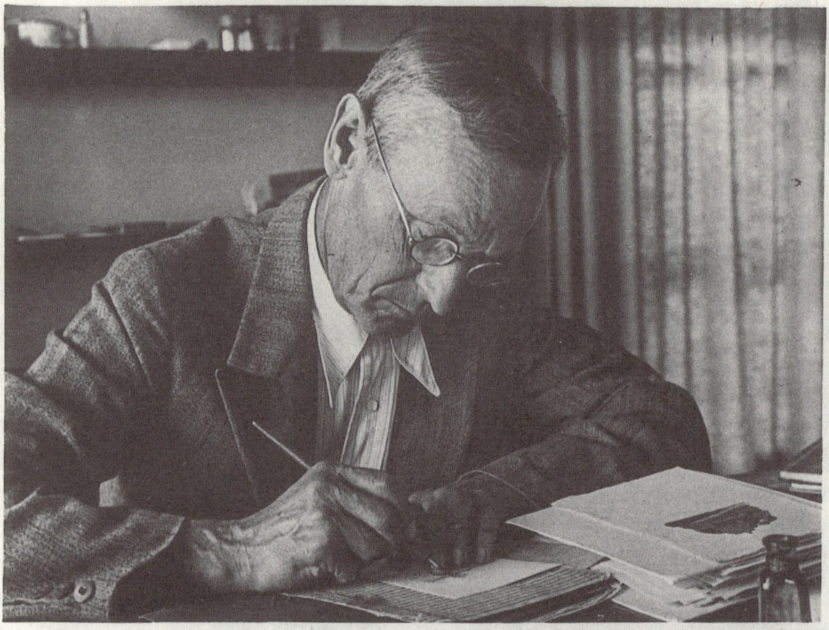

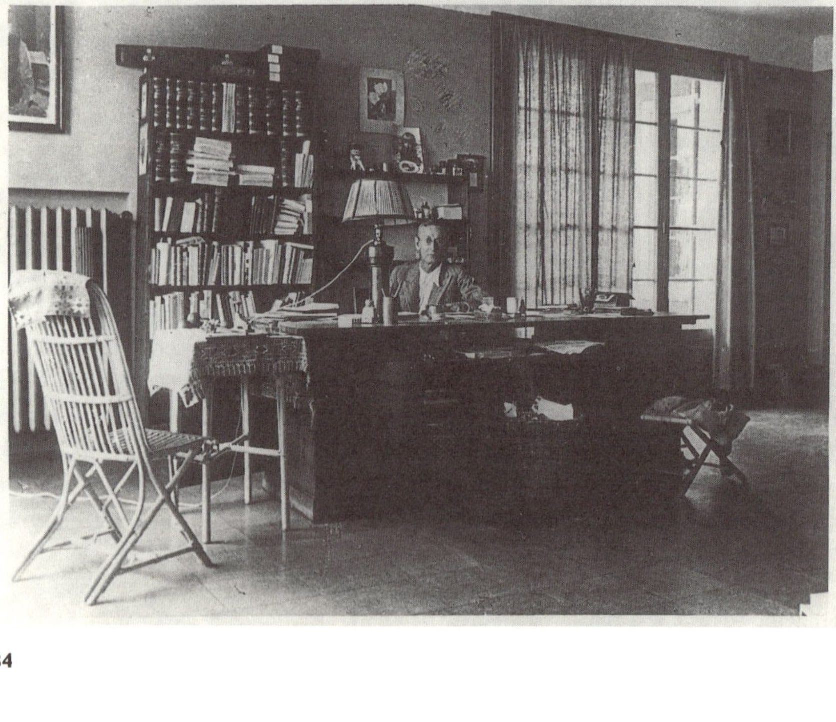

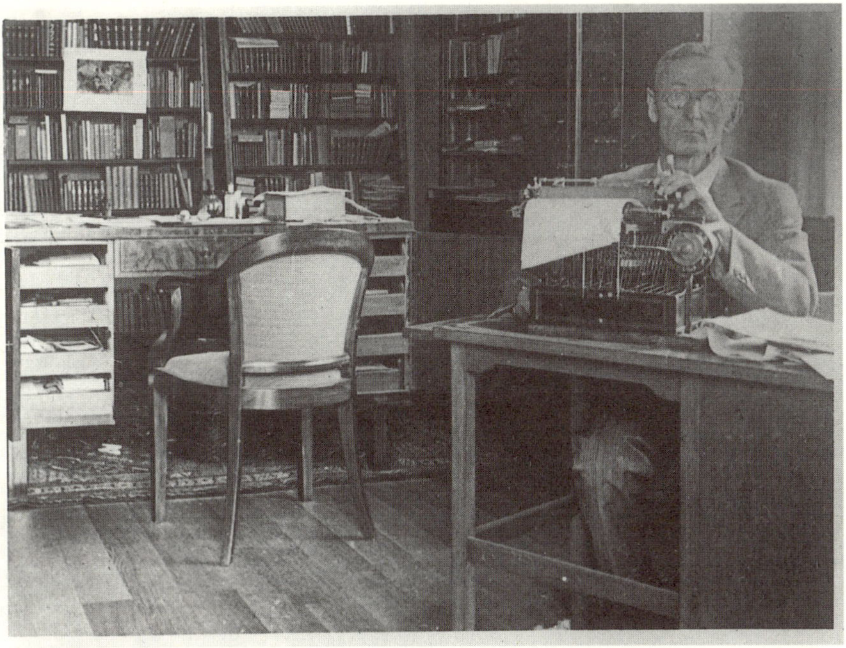

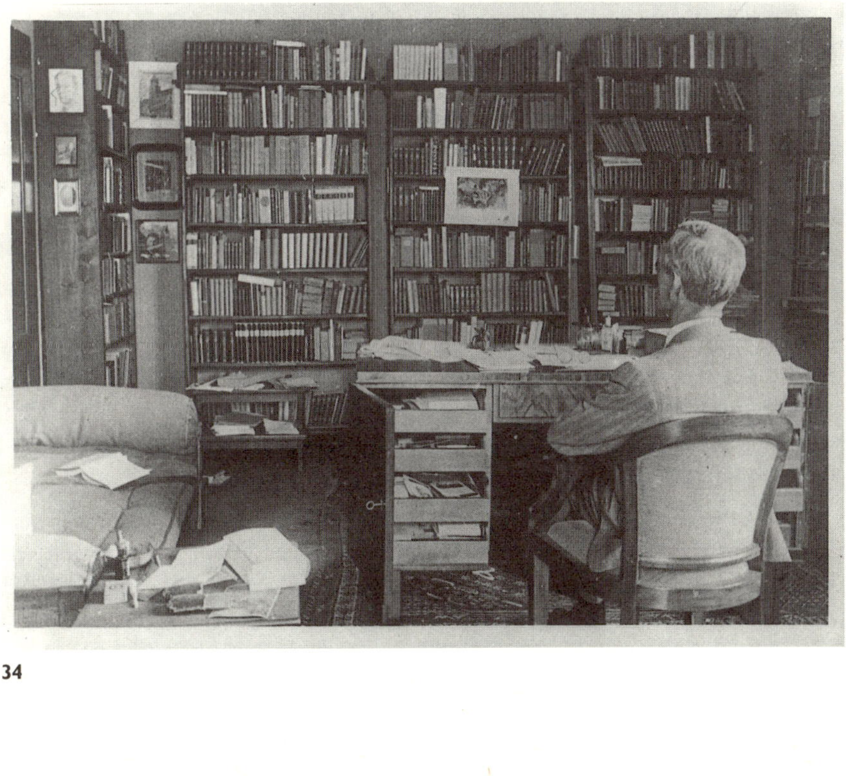

 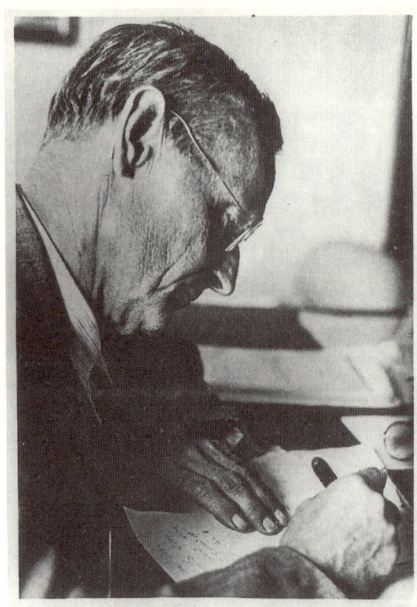

34

fertigen und besaß später ebenfalls (in seinem Studio) einen wesentlich besseren zweiten.

Hermann Hesse hat sowohl für seine Manuskripte als auch für seine Korrespondenz oft die wunderlichsten, vielfach schon bedruckten oder beschriebenen Papiere verwendet und mitunter, wie etwa an Gunter Böhmer auf einem schwarzumrandeten Bogen, ihren ursprünglichen Zweck kommentiert: »Das Papier stammt von einer Todesanzeige, es ist eben wieder ein alter Freund und Gönner von mir gestorben, 74 Jahre alt« (Hesse an Gunter Böhmer, März 1938). So bekannt Hesses Papierökonomie ist, sie verblüfft doch immer wieder, weil er ein ausgesprochener Papierkenner und -liebhaber war, der in seinem Atelier ein regelrechtes Papierlager, einen gesonderten Schrank besaß, in dem er ausgesuchte, oft längst nicht mehr erhältliche, sowohl maschinell hergestellte als auch handgeschöpfte Schreib- und Zeichen-, aber auch Packpapiere sammelte (vgl. Hermann Hesse, Stunden am Schreibtisch, Separatdruck, o. J., 3, aus: National-Zeitung 12. Juni 1949, Nr. 256).

Nicht gesammelt, sondern sofort verschrieben wurde dagegen alles Papier, das Hesse bei Jelmoli in Zürich bestellte wie etwa auch die »30 oder 40 Couverts von Größe und Art wie das, in dem ich diese Zeilen sende« (Kat. Nr. 33, Seite 3). Selbst wenn der Schriftsteller – angesichts seiner ‹Zettelwirtschaft› eher unerwartet –

mitunter »einen tüchtigen Vorrat, mindestens 500 Bogen« (Hesse an Olga Klöti, Mai 1932) normalen Schreibpapiers für begonnene Manuskripte erbittet, handelte es sich dabei längst nicht mehr nur um unterschiedliche Schreib- bzw. Briefpapiere wie noch bei Schiller und Mörike: Für die harten Typen der Schreibmaschine, die in ihrer Frühzeit oft Löcher in das Papier gestanzt hatten, benötigte er ein festes, zugleich aber auch dünnes, für Durchschläge geeignetes Papier. Entsprechend forderte Hesse vor allem dieses neue Schreibmaschinenpapier in beachtlichen Mengen und immer wieder mit der einleitenden Bemerkung an: »Ich stehe vor dem Abschluß einer großen Arbeit, und bitte Sie mir einiges Material dazu ohne Eile zuzuschicken« (Hesse an Olga Klöti, Januar 1929). Dabei hatte das gewünschte »Material« genauen Vorgaben zu entsprechen: »Bitte schicken Sie mir vom gleichen Papier, auf das diese Zeilen geschrieben sind [i. e. Schreibmaschinenpapier mit dem Wasserzeichen der »Sihl Mills For Typewriter«], einen neuen Vorrat zu. Da ich es zur Fortsetzung einer Arbeit brauche, sollte es in Format (Folio) und in Stärke und Qualität womöglich genau gleich sein wie dieses Muster« (Hesse an Olga Klöti, Dezember 1929).

Größer noch als Hesses Verbrauch an Schreibmaschinenpapier war sein Bedarf an Durchschlagpapier, dieser nahezu transparenten, mit dem zugehörigen Kohlepapier zweiten wichtigen Papierneuheit im Zusammenhang mit der Mechanisierung des Schreibens. Denn wie kaum ein Dichter wußte sich Hesse einen weiteren, neben Schreibgeschwindigkeit und Lesbarkeit ganz entscheidenden Vorteil der Schreibmaschine, ihre multiplizierende, ihre im wahrsten Sinne des Wortes durchschlagende Kraft zunutze zu machen.

Zum einen gelang es ihm, indem er bestimmte Teile seiner Briefe auf diese Weise reproduzierte, eine mit den Jahren enorm gewachsene Korrespondenz zu bewältigen. Zum anderen dienten ihm Durchschläge seiner Gedichte als jederzeit verfügbare, später zum Teil mit Aquarellen versehene, kostengünstig grüßende oder dankende Gabe für Gönner, Freunde und Bekannte.

Das direkt auf Durchschlagpapier mit zwei zusätzlichen Blättern getippte ‹Klagelied› ist aber wohl nicht in dieser Absicht entstanden. Eher wird der zweifache Durchschlag nach einer ersten handschriftlichen Niederschrift für die weitere Arbeit an seinem selbstironischen Spottlied auf den ‹frühe schon zum Klassiker berufenen Dichterjüngling› und dessen ‹in des Volksmuseums Heiligtum vielbestaunte Schreibmaschine› vorgesehen gewesen sein.

Klagelied auf den Dichter Emil Bumms

Frühe schon zum Klassiker berufen
Fühlte sich der Jüngling Emil Bumms,
Nahte, Gott im Busen, sich den Stufen
Des Apollo geweihten Heiligtums.

Selten sah man wahrlich einen Dichter
So von höchster Strebens! bessel.
Bald schon sah er sich vom Chor der Dichter
Als des Volkes Liebling auserwählt.

Niemals gab er sich die kleinste Blöse,
Wich vom Pfade strengster Tugend nie,
Sang manch Lied von nationaler Grösse,
Das ihm wohlverdienten Ruhm verlieh.

Leider war dem Hochflug nicht gewachsen
Dieses Edeldichters schwaches Herz,
Und auf einer Vertragstour durch Sachsen
Ward er krank und schwang sich himmelwärts.

Eine Trauerfeier ohnesgleichen,
Der Bedeutung des Genies sich voll bewusst,
Schmückte mit des Vaterlandes Eichen
Des verewigten Sängers hehre Brust.

Industrie, Finanz, Behörde, Presse
Stand ergriffen um das offne Grab,
Gerhart Hauptmann warf und Hermann Hesse
Eine Schaufel voll Papier hinab.

Unter andern heiligen Trophäen
In dem Volksmuseum Heiligtum
Sieht man seine Schreibmaschine stehen,
Sonntags viel bestaunt vom Publikum.

Nie wird dieser Mann vergessen werden,
Deutschlands letzter Klassiker vielleicht;
Denn fürwahr, es findet sich auf Erden
Keiner, der ihm nur das Wasser reicht.

Ja ich selbst, der ich den Bumms erfunden,
Der ihm Namen, Ruhm, Gestalt verlieh,
Beuge mich beschämt und überwunden
Vor so viel Talent, so viel Genie.

35

Klagelied auf den Dichter Emil Bumms, 1926

Typoskript (mit der 2. Smith Premier No.4), Original mit zwei Kopien,
Durchschlagpapier ALBIS P.Z.S. EXTRA STRONG; überarbeitet und um eine Strophe ergänzt veröffentlicht unter dem Titel ›Ballade vom Klassiker – geschrieben nach meiner Wahl in die Berliner Akademie‹

Mit dem Aufkommen der Schreibmaschine entstand im späten 19. Jahrhundert zugleich der neue Beruf des ‹Tippfräuleins›, der Typistin. Anders als der bis dahin übliche Sekretär, der im Verhältnis zu seinem Auftraggeber eine oft zentrale Position auch als Vertrauensperson und Gesprächspartner eingenommen hatte, war die Typistin allerdings kaum mehr als eine billige Schreibkraft.

Schiller hatte seine Werke bezahlten Kopisten oder seinem langjährigen Diener und Sekretär Georg Gottfried Rudolph zum Abschreiben gegeben; Mörike hatte teils selbst Abschriften hergestellt, teils seine Familie oder (seltener) ebenfalls bezahlte Schreiber damit beauftragt. Hesse dagegen ließ trotz eines immensen täglichen Schreibpensums nie eine Schreibkraft für sich arbeiten. So sehr er das anonymere Schriftbild seiner Smith Premier begrüßt hatte, so wenig wollte er doch den unmittelbaren Kontakt zu seinem maschinellen Schreibwerkzeug verlieren. Alle seine Manuskripte schrieb er selbst für den Druck auf der Maschine ab und stellte auch einen Großteil der ständig benötigten Durchschläge seiner Gedichte eigenhändig her. Dazu bemerkte er noch 1949:

»Auch heute stellt jeder Tag an mich die Forderung, mich der Welt anzupassen und, wie die Meisten es tun, mich all der aktuellen Aufgaben mit Hilfe von Routine und Mechanisierung zu entledigen, mit Hilfe eines Apparats, einer Sekretärin, einer Methode. Vielleicht sollte ich die Zähne zusammenbeissen und es noch auf meine alten Tage erlernen? Aber nein, es wäre mir nicht geheuer dabei, und alle jene Vielen, deren Not ihre Wellen bis auf meinen überhäuften Schreibtisch spült, wenden sich ja an einen Menschen, nicht an einen Apparat. Bleibe Jeder bei dem, was sich ihm bewährt hat!« (Hesse, Stunden am Schreibtisch, a.a.O., 4)

Bewährt hat sich offensichtlich auch Hesses Kolbenfüller Osmia Supra, eines der besten Modelle der deutschen Füller-Firma Osmia, das er vermutlich bereits in den frühen dreißiger Jahren erstand.

Und da Hesse an einem einmal für gut befundenen Schreibutensil – ob an seiner Smith Premier, ob an bestimmten Bleistiften, Buntstiften oder Tinten (vgl. etwa Hesse an Olga Klöti, Juli 1937/September 1937/Oktober 1937/Mai 1939) – so lange wie irgend möglich festzuhalten suchte, ist es denkbar, daß er eben diesen Füllfederhalter 1938 bei Jelmoli in Zürich reparieren ließ:

»Hier schicke ich Ihnen meine Füllfeder, sie ist ein klein wenig verbogen, die Spitzen der Goldfeder stehen nicht mehr richtig. Wenn es möglich wäre, daß sie bei Ihnen gerichtet würde, wäre ich froh; es ist mir seit vielen Jahren die liebste und handlichste Feder, die ich fand« (Hesse an Olga Klöti, 11. Oktober 1938).

36

36 Kolbenfüller »Osmia Supra«
um 1930/35

Länge: 13,6 cm

schwarzer Kunststoff mit vergoldetem Metall, Goldfeder; starke Gebrauchsspuren

Leihgabe: Schweizerisches Literaturarchiv, Bern

37 Tintenfaß »Pelikan« mit blauer Tinte
um 1960

4,2 x 5,5 x 9 cm

Glas, Deckel Kunststoff

Leihgabe: Schweizerisches Literaturarchiv, Bern

Aus der Stahl- bzw. Reservoirfeder hervorgegangen, markierte der seit 1908 produzierte Kolbenfüller zusammen mit einer Tinte, die längst nicht mehr schimmelte oder die Federn zerfraß und in vielen Farben erhältlich geworden war, einen vorläufigen Endpunkt in der Entwicklung der Schreibfeder. Speicherkapazität, kontrollierter und kontinuierlicher Tintenfluß sowie ein dichter Kappenverschluß hatten die jahrhundertealten Probleme vom Gänsekiel bis zur ausgefeiltesten Stahlfeder gelöst. Das längst ebenmäßig und glatt gewordene Maschinenpapier ließ die in den unterschiedlichsten Varianten erhältliche Füllfeder ungehindert über seine Oberfläche gleiten; nichts kleckste und kratzte mehr, überschüssige Tinte wurde statt mit Sand, mit Fließ- oder Löschpapier entfernt, und man konnte die ‹Feder› endlich gefahrlos mit sich tragen.

Schon vor 1920 muß Hesse einen dieser praktischen Kolbenfüller besessen haben. Zumindest hat er bereits für das 1919 verfaßte Manuskript ›Klingsors letzter Sommer‹ einen solchen verwendet. Und auch wenn er mitunter noch zur Stahlfeder griff – in den folgenden Jahren und bis zuletzt hat Hesse überwiegend mit einer Füllfeder geschrieben:

37

Liebe Fräulein Olga

Herzlichen Dank für
die reparierte Feder!
Leider ist sie etwas
gröber geworden, früher
hat sie haarfein
geschrieben. Aber ich
selbst bin ja auch nicht
mehr was ich einst war,
so will ich gern zufrieden
sein. Es grüßt Sie
Ihr H Hesse

R 25/9/46

»Herzlichen Dank für die reparierte Feder! Leider ist sie etwas gröber geworden, früher hat sie haarfein geschrieben. Aber ich selbst bin ja auch nicht mehr, was ich einst war, so will ich gern zufrieden sein.«

38 **Hermann Hesse an Olga Klöti, September 1946**
mit der Füllfeder und blauer Tinte auf Notizpapier
Leihgabe: Hermann-Hesse-Stiftung, Marbach am Neckar

Peter Härtling (* 1933)

»Der Computer schreibt für mich erst,
wenn ich geschrieben habe –
so halte ich ihn mir auf Distanz.«
(im Gespräch am 6. Juli 1994)

Die Schreibgeräte Peter Härtlings wurden dem Autor im wahrsten Sinne des Wortes aus der Hand und vom Schreibtisch genommen. Sie haben sich jedoch nur für kurze Zeit in Ausstellungsstücke verwandelt und kehren bald wieder in ihre ursprüngliche Funktion und zu ihrem Besitzer zurück. Härtlings Schreibwerkzeuge geben die aktuellste der vier hier vorgestellten Antworten auf die Frage ‹Womit schreiben?› und sind in ihrer Bedeutung für den Schriftsteller von diesem selbst bereits geschildert worden. Es gilt an dieser Stelle deshalb nur, ihre äußeren Daten zusammenzutragen.

Peter Härtling wurde 1933 in eine Zeit hineingeboren, die ihren Kindern noch mit Griffel, Bleistift und Stahlfeder die Kunst des Schreibens beizubringen suchte. Heute schreibt er in einer Welt, in der Computer bald auch die letzten Schreibmaschinen ersetzt haben werden. Härtling benutzt weder die Stahlfeder noch den Computer, sondern schreibt – ähnlich wie Hesse – nahezu ausschließlich mit einer Füllfeder und auf der Schreibmaschine. Doch so beharrlich er seine ‹altmodischen› Schreibgeräte verteidigt, auch bei ihm taucht der Papier und Tinte überspringende, jeden Buchstaben digitalisierende Computer auf, der spätestens seit den achtziger Jahren über die Verlagshäuser auch den Autoren seine Regeln und Gesetze aufzuzwingen begann. Ohne selbst mit ihr zu schreiben, macht sich deshalb auch Härtling diese neue Technik dort, wo sie unumgänglich ist, zunutze.

Schon als elfjähriger Gymnasiast war Peter Härtling stolzer Besitzer eines Kolbenfüllers der Hamburger Firma Montblanc.

Dieser Marke ist er bis heute treu geblieben. Ein Seitensprung zur Heidelberger Lamy-Konkurrenz blieb Episode, da seine Hand sich an eine andere Feder nicht gewöhnen mochte. Allerdings schreibt Härtling längst statt mit einem Kolben-, mit einem Patronenfüller. Damit hat er sich den bisher letzten Entwicklungsschritt der Schreibfeder zunutze gemacht, die mit ihren seit 1927 aus Glasröhrchen hervorgegangenen Patronen weitaus bequemer und sicherer zu handhaben ist als je zuvor.

Seine Füllfeder dient Härtling als geschätztes, gleichwohl keineswegs geheiligtes Werkzeug, dessen einziger Luxus in einer Goldfeder besteht, die elastischer als eine stählerne auf die schreibende Hand reagiert.

39 Patronenfüller »Montblanc Classic«
1988/89 erworben

Länge: 13,5 cm (mit Deckel)

bordeauroter Kunststoff, Metall, Goldfeder

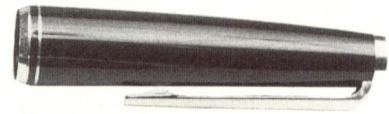

40 Päckchen mit schwarzen Tintenpatronen »Montblanc«

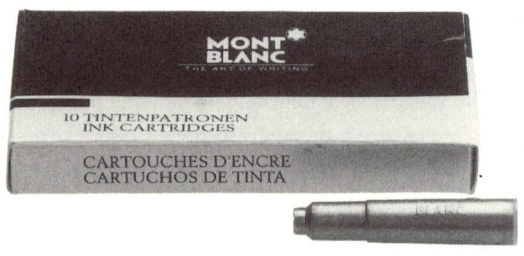

Ganz anders verhält es sich mit Härtlings kleiner Reiseschreibmaschine Hermes Baby, die ihn seit 1954 begleitet. Kaum fest angestellter Redakteur der ›Heidenheimer Zeitung‹, kaufte sich der junge Autor seine erste Schreibmaschine – »ein extravagantes, weil ausländisches und sehr elegantes« (P. Härtling) Modell.

41 Flachschreibmaschine »Hermes Baby«
1935 entwickeltes Modell der schweizer Firma Paillard

6,5 x 29 x 29 cm (mit Deckel)

Maschine und Deckel aus graubeschichtetem Aluminium, vierreihige Bakelittastatur (Vorderaufschlag mit Umschaltung), Gummi, Stoff; starke Gebrauchsspuren

41

Auch zwanzig Jahre nach ihrer ‹Geburt› war die Hermes Baby noch eine weltbekannte, vielverkaufte und häufig nachgeahmte Schreibmaschine – 1935 jedoch eine Sensation: Als eine der ersten der kleineren (Reise-)Schreibmaschinen paßte sie in eine Aktentasche, wog noch nicht einmal vier Kilogramm, war zudem funktionstüchtig und strapazierfähig. Der Unterschied zu Hesses ‹alter Lokomotive› Smith Premier No. 4 ist augenfällig – bis hin zur sichtbar gewordenen Schrift und einer auf vier Reihen geschrumpften Tastatur. Gleichwohl ist auch Härtlings Hermes Baby noch eine mechanische Schreibmaschine. Elektrische interessierten ihn weder damals noch später. Und das weniger, weil die seit den frühen zwanziger Jahren sich rasch weiterentwickelnden elektrischen Maschinen noch lange sehr viel teurer als mechanische waren. Den Autor stört vielmehr ihre Strom- und damit Ortsabhängigkeit, ihr summendes Geräusch und vor allem, daß ihr schneller, wenn auch leichterer Anschlag nicht seinem Schreibrhythmus entspricht. Selbst 1973, als er sich, um seine kleine Hermes zu schonen, mit einer Hermes Media Nr. 3 die etwas größere und komfortablere Version einer tragbaren Schreibmaschine zulegte, wählte er wiederum eine mechanische. Heute allerdings wirken seine Schreibmaschinen schon fast so rührend altmodisch wie Hesses No.4.

42 **Peter Härtling in der Redaktion der ›Heidenheimer Zeitung‹**
1954, 13 x 9 cm, Photographie von Josef Frech

Vor allem für die erste Fassung seiner Werke, die er nach einer langen ‹Inkubations-zeit› rasch niederschreibt, ist Härtling seine Schreibmaschine, auf der er Schritt mit seinen Gedanken halten kann, unverzichtbar:

»Ich schreibe zuerst mit der Schreibmaschine, weil ich sehr schnell Schreibmaschine schreiben kann, als Journalist dies einfach auch gelernt habe. Und wenn ich dies mit Schreibmaschine geschrieben habe, schreibe ich nahezu alles [bzw. bestimmte Teile] mit der Hand ab. Das verlangsamt den Prozeß, und ich merke, wo etwas schiefge-gangen ist, welche Sätze nicht sitzen, welche Fehler ich gemacht habe, daß ich bei Dialogen geschludert habe, daß ich Namen vergessen habe und so weiter. Das merke ich beim Abschreiben.« (Interview mit Peter Härtling, in: Peter Härtling für Kinder, Sonderheft der Zeitschrift ›Der Bunte Hund‹, Oktober 1989, 20)

Nur wenn Ort und Umgebung das laute Hämmern auf der Maschine nicht erlauben, wie für den Anfang seiner Novelle ›Božena‹ ein Salzburger Hotel, beginnt Härtling mit der Füllfeder zu schreiben. Dafür verwendet er seit Anfang der achtziger Jahre fast ausschließlich schwarze Tinte, die ihm das Geschriebene deutlicher und kontu-rierter wiedergibt als blaue.

Korrigiert wird dann ebenfalls mit Tinte, mit dem sonst wenig benutzten Bleistift, seltener auch mit Kugelschreiber.

43 **Božena, 1. Fassung des Anfangs**
Ende Oktober/Anfang November 1993
Manuskript mit Füllfeder und schwarzer Tinte (5 Blätter)

44 **Božena, 2. Fassung des Anfangs**
November 1993
Typoskript, entstanden auf der Hermes Baby (3 Blätter)

Sie tritt in die Tür und wartet
auf Kordt, dem sie einen deutschen
Namen gab, wie seinen Vorgängern
auch. Es wird mein letztes Hündchen
sein, hatte sie Vatern gesagt, der
sogleich bemerkte, es würde noch
ein Dutzend Hunde geben, und
allmählich würde er auch die
Nachbarschaft an ihre Namen gewöhnen.

Die Nachbarschaft? fragte sie jedesmal.
Und rechnete sie mit der [strikethrough] ihren
Fragezügen ab. Der Jimi ist gestorben,
von der Centa hat ich gehört und
die jungen Leute meiden mich wie
eine Hexe. Kaum die, ich bin eine.

Kordt ruft sie und versucht zu pfeifen.
Sie wartet gar nicht so dringend
auf den kommenden Hund, der,
wie sie behauptet, wie jeder richtigen
Rasse ein Kind was abbekommen hat.
Sie mag es, in der Tür zu stehen, über
den Schnee zu schauen, weiter zu den
Hügeln, die jetzt [strikethrough], unterm
Schnee, bei der Ferse stehen, ein
[strikethrough] endlos fernes Schlafland unterm
grauen, dichten dem Schnee [...]
Stimmen. Da möcht sie an Kordt [...]
die Tür, nur ..
Vatern ist bei sie längst wieder alles

Frau S.

oder Die mögliche Geschichte von Bozena Koska

Sie tritt in die Tür und wartet auf den Hund, dem sie einen
deutschen Namen gab, Moritz, wie seinen vier Vorgängern auch.
Es könnte ihr letztes Hündchen sein. Das hat sie vor ein paar
Tage zu Vaclav gesagt, ohne grossnachzudenken, und er hat
sich, wie immer, mit einem raschen Trost davon gemacht:
Sie werde mindestens auf ein Dutzend Hunde kommen. Und über
neue Name brauche sie sich ja keine Gedanken zu machen.
Sie verstent seine Eile, mag seine hastigen Aufbruche, seine
kurzatmigen Besuche, denn sie hält den Neffen auch nicht
lange aus. Manchmal kommt er mit Zena, seine Frau, sie bringen
ein Essen mit. Dann sitzen sie schweigen bei Tisch, bis Zenka
anfängt zu klagen, über die Arbeit, über Vaclav, über die Zeit,
die besser sein könnte, und sie einen Grund hat, aufzustehen
und abzuräumen um die jungen Leute zu verabschieden.

Moritz! ruft sie. Eigentlich wartet sie gar nicht auf den Hund.
Er kann sich nocheine Weile herumtreiben. Sie hat es gern,
in der Tür zu stehen, über die Strasse zu spähen, über die Äcker
bis zum dunstigen Wald, Gesicht, Brust und Hände in der Kälte,
Rücken und Hintern in der Wärme. Pani Bozena Koska, die alte Fischkurn,
die eine Deutschenliebste gewesen ist, eine Kollaborateuetin
und die nichts dazu gelernt hat, wie die angeblichen Kenner
ihrer Geschichte behaupten. Nichts! sagt sie sich oder denen, an
die sie eben denkt. Und es geht euch auch nichts an.

Es kommt darauf an, wie sie sich in die offene Haustür stellt.
Die Füsse weit draussen fordert die Auskühlung. Schiebt sie die
Ferse hingegen in die Stube födert sie einen leisen Genuss. Sie
lehnt sich gegen die Wärme, die ihr vom Rücken in den Bauch
rieselt. Nimmt die Lust dabei überhand, ruft sie sich zurecht.
Noch immer spielt ihr die Phantasie mit und ~~toxischtexdiefmibhsm~~
abgestandene Gefühle setzen sichihr unter die Haut und treiben
das Blut um.

Moritz! Er wird ohnehin nicht auf ihr Geschrei hin kommen. Vor
ein paar Jahren hat sie dem ~~vorausgegangenen~~ *vorhergehenden* Moritz gepfiffen und

44

45 Bleistift (Faber-Castell)
Länge: 17 cm

Holzmantel, rotgoldschwarz beschichtet

Zum Schreiben, vor allem für den Anfang eines Werkes, zieht sich Peter Härtling seit einigen Jahren nach Tübingen zurück. Er hat sich dort neben seinem Zuhause in Mörfelden-Walldorf einen zweiten, abgeschirmten Schreibort geschaffen, für den er eine nahezu identische, nur etwas größere Ausgabe seines alten Mörfelder Schreibtisches anfertigen ließ: noch schlichter als Hesses Schreibtisch – eine einfache (200 x 120 cm große, normale Tische sind ihm zu klein) Holzplatte auf zwei Böcken. Denn: »… ich brauche meinen Arbeitsplatz (…) umgeben von denselben Möbeln, denselben wenigen Handbüchern, die ich brauche zum Nachschlagen, dies alles gehört zu mir, auch die Bilder an den Wänden, das brauch ich, und wenn ich das nicht habe – auch in den Ferien, wo ich immer weiterschreibe –, kann ich's nur mühsam. Ich brauch den Platz zu Hause.« (Interview mit Härtling 1989, a.a.O., 20)

In Tübingen entstehen Härtlings Werke auf der Hermes Baby (die zu Zeiten in Mörfelden von der größeren Hermes Media Nr. 3 abgelöst wird), seine partiellen Abschriften mit der Füllfeder und schließlich die auf Band diktierten, also akustisch überprüfbaren dritten Fassungen.

46

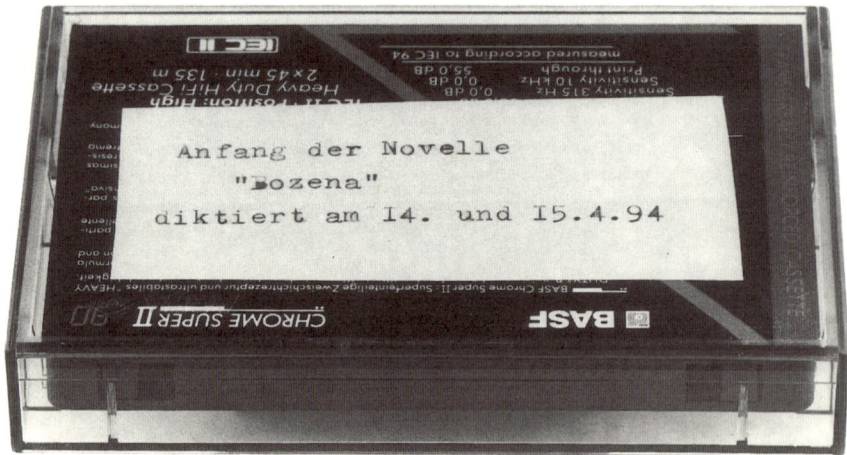

47

Härtling hat sich beim Schreiben auf der Maschine nie mit verrutschendem Kohle-papier und Durchschlägen geplagt – dafür steht in Mörfelden ein großes Photokopier-gerät, das mehr als nur zwei Jahrhunderte von James Watts 1780 erfundener Kopier-presse entfernt zu sein scheint. Aber nicht nur diese, durch die rasante mikroelektro-nische Entwicklung der letzten Jahrzehnte erschwinglich gewordene Technik, auch die von Hesse für sein Schreiben abgelehnte Erfindung des Diktiergeräts hat sich Härtling (seit 1967) zunutze gemacht; allerdings nicht, um einen Arbeits- bzw. Schreibgang zu überspringen, sondern weil das »… der erste Augenblick (ist), der mir auch die Möglichkeit gibt, meine Prosa zu hören, was ganz wichtig ist. (Ich mag Musik eigentlich noch lieber als Literatur.) Das höre ich mir dann an. Anschließend wird es vom Band abgeschrieben, und ich korrigiere es noch mal, so daß ich vier Korrektur-gänge habe« (Interview mit Peter Härtling 1989, a.a.O. 20f.).

48

46 Božena, 3. Fassung des Anfangs
14. u. 15. April 1994, Kassette

47 Peter Härtlings Schreibtisch in Tübingen
1994, 16,5 x 20 cm, Photographie von Mathias Michaelis

48 Peter Härtlings Schreibtisch in Mörfelden-Walldorf
1994, 16,5 x 20 cm, Photographie von Mathias Michaelis

49 Diktiergerät »Sanyo« und Computer
»Apple Macintosh LC 4/40« in Mörfelden-Walldorf
1994, 16,5 x 20 cm, Photographie von Mathias Michaelis

Die Abschriften von Härtlings diktierten Fassungen entstehen wiederum auf einer Maschine und wurden zunächst, während seiner Zeit als Mitherausgeber des ›Monats‹ in Berlin und als Verlagsleiter des S.Fischer-Verlags (1962–1973), von Sekretärinnen, später dann von seiner Frau übernommen. Seit 1991 erfolgt Härtlings vierter Korrekturvorgang allerdings auf einem Computerausdruck. Zugleich ist die Druckfassung seiner Werke auf das handtellergroße Format einer Diskette zusammengeschrumpft. Und damit ist der Autor, der sonst Distanz zu diesem Gerät hält, doch in die Welt der binären Zeichen geraten, die ihm mit ihrer auf winzigen Platinen konzentrierten Hochleistung eigentlich viel zu technisch, fremd und unverständlich ist. Auch daß nach über einem halben Jahrhundert konsequenter Entwicklung längst nicht mehr nur riesige Apparaturen, sondern schmucke Notebooks zur Verfügung stehen, die wie seine Hermes Baby überall hin mitgenommen, für Stunden gar ohne Strom betrieben werden können, hat ihm den Computer nicht sympathischer werden lassen. Zudem stört Härtling an diesem Gerät genau das, was seiner Frau maßgeblich Zeit und Mühe

Sie tritt an die Tür und wartet auf den Hund, dem sie einen deutschen Namen gab, Moritz, wie seinen vier Vorgängern auch. Es könnte ihr letztes Hündchen sein. Das hat sie vor ein paar Tagen zu Vaclav gesagt, ohne groß nachzudenken, und er hat sich wie immer mit einem raschen Trost davongemacht: Sie werde mindestens auf ein Dutzend Hunde kommen, und über neue Namen brauche sie sich ja keine Gedanken zu machen.

Sie versteht seine Eile, mag seine hastigen Aufbrüche, seine kurzatmigen Besuche, denn sie hält den Neffen auch nicht lange aus. Manchmal kommt er mit Zenka, seiner Frau; sie bringen ein Essen mit. Dann sitzen sie schweigend bei Tisch, bis Zenka regelmäßig anfängt zu klagen, über die Arbeit , über Vaclav, über die Zeit, die besser sein könnte, und sie einen Grund hat, aufzustehen und abzuräumen, die jungen Leute zu verabschieden.

Moritz! ruft sie. Im Grunde wartet sie gar nicht auf den Hund. Er kann sich noch eine Weile herumtreiben. Sie hat es gern, in der Tür zu stehen, über die Straße zu spähen, die Äcker, bis zum dunstigen Wald, Gesicht, Brust und Hände in der Kälte, Rücken und Hintern in der Wärme. Paní Božena Koska, die alte Bischkurn, die eine Deutschenliebste gewesen ist, eine Kollaborateurin, die nichts dazu gelernt hat, wie die angeblichen Kenner ihrer Geschichte behaupten. Nichts! sagts sie sich oder denen, an die sie eben denkt. Das geht euch auch nichts an.

Es kommt darauf an, wie sie sich in die offene Haustür stellt. Hat sie die Füße weit draußen, kühlt sie rascher aus. Schiebt sie die Fersen hingegen in die Stube, fördert sie einen leisen Genuß. Sie lehnt sich gegen die Wärme, die ihr vom Rücken in den Bauch rieselt. Nimmt die Lust dabei überhand, ruft sie sich zurecht. Noch immer spielt ihr die Phantasie mit und abgestandene Gefühle setzen sich ihr unter die Haut und treiben das Blut um.

Moritz! Er wird ohnehin nicht auf ihr Geschrei hin kommen. Vor ein paar Jahren hat sie dem vorhergehenden Moritz gepfiffen und ein Zahn ist ihr dabei über die Lippen geschossen. Darauf spülte sie ihren Mund mit Kamillentee und die restlichen Zähne hat sie bis heut behalten. Das war einer der wenigen Erfolge gegen all die Mißhelligkeiten und Gemeinheiten, die sie in den Jahren erfuhr. Dabei hatte sie sich, fand sie, schon an alles gewöhnt, an das größte nur denkbare Übel. Was allerdings nicht dazu führte, daß sich auch ihre spart, das anonyme Korrigieren seiner Texte am Bildschirm, das spurenlose Ersetzen des Alten durch das Neue. Folglich bietet ihm der Computer nichts, was nicht schon seine Hermes Baby böte, dafür gravierende Nachteile bis hin zu Texten, die in unergründlichen Festplattentiefen für immer verlorengehen.

50 Božena, 4. Fassung der Novelle
16. April 1994
Computerausdruck mit Laserdrucker (136 Blätter)

51 Božena, 5. Fassung/Druckfassung der Novelle
17. April 1994
Maxell MF2-DD Diskette

Peter Härtling braucht das konkrete Nebeneinander seiner verschiedenen Fassungen mit ihren Anläufen, Umwegen, Korrekturen. Das Papier, auf dem er schreibt, ist dabei Nebensache, solange es ihm eine gleichbleibend klare, glatte, weiße Fläche bietet – eine seit 1922 nach DIN-Formaten untergliederte Selbstverständlichkeit. In seiner maschinellen, immer gleichen Ebenmäßigkeit läßt dieses Papier nichts mehr von seinen handgeschöpften Ahnen erkennen, die als große Bogen noch von Schiller und Mörike je nach Bedarf zurechtgeschnitten wurden. Doch auch das scheinbar charakterlose Maschinenpapier muß sich wie zuvor das Bütten für jedes neue Schreibwerkzeug, mit jeder neuen Technik weiterentwickeln, muß für Kopiergeräte, Tintenstrahl-, Nadel- oder Laserdrucker immer fester, hitzebeständiger und in seiner Oberfläche differenzierter werden.

In den letzten zweihundert Jahren haben Schreibgerät und Papier viel von ihrer handwerklichen Sinnlichkeit verloren und ist der Autor als schreibender Mensch Schritt für Schritt hinter Typoskript, Computerausdruck und schließlich Diskette verschwunden.

Dabei ist der Computer als reines Schreibgerät letztlich nur ein weiterer Entwicklungsschritt mit Vor- und Nachteilen wie schon Gänsekiel, Stahlfeder oder Schreibmaschine. Wie diese einst erscheint heute der Computer den einen als der Anfang vom Ende, den anderen als Fortschritt schlechthin. Und doch ist er für viele längst selbstverständlicher Bestandteil ihres Schreibens.

Mit dem Computer ist aus Hesses ‹druckähnlichem Maschinenschreiben› ein Schreiben wie gedruckt geworden und dem Autor wie nie zuvor ein Gestaltungsmittel für die Endform seiner Werke in die Hand gegeben.

Zur Zitierweise:

Zitate ohne Quellenangabe sind den ausgestellten Texten entnommen. Zitate mit Quellen-, aber ohne Fundstellenangabe beziehen sich durchweg auf Handschriften im Bestand des Deutschen Literaturarchivs bzw. für den Briefwechsel Hermann Hesse/ Olga Klöti auf das ebenfalls dort befindliche Depositum der Hermann-Hesse-Stiftung Marbach am Neckar

[ ] enthalten Erläuterungen, (...) bezeichnen nicht zu entziffernde Textstellen im Original.

MW: Eduard Mörike, Werke und Briefe, Historisch-kritische Gesamtausgabe, Bd. 10–14, Stuttgart 1982–1994

NA: Schillers Werke, Nationalausgabe, Weimar 1943f. (unveränderter Nachdruck 1968f.)

Verwendete Literatur:

August Baggenstos, Von der Bilderschrift zur Schreibmaschine, Zürich/Herrliberg 1977

Gerhard Dietrich, Schreibmöbel. Vom Mittelalter zur Moderne, Stuttgart 1986

Wilhelm Eule, Mit Stift und Feder. Kleine Kulturgeschichte der Schreib- und Zeichenwerkzeuge, Leipzig 1955

Dietmar Geyer, Schreibgeräte sammeln. Vom Faustkeil zum Griffel, vom Federhalter zum Füllfederhalter und Faserschreiber, München 1989

Jürgen-Peter Huber, Griffel. Feder. Bildschirmstift, Stuttgart 1985

Hermann Kühn / Lutz Michel, Papier (Ausstellungskatalog), Deutsches Museum München 1986

Ernst Martin, Die Schreibmaschine und ihre Entwicklungsgeschichte, Pappenheim [5]1934

Elisabeth Vaupel, 130 Jahre moderne Schreibtinte. Ein Stück Chemiegeschichte im Spiegel eines Kindergedichts, in: Kunst & Technik 3 (1986) 153–161.

Joyce Irene Whalley, Writing Implements and Accessories. From the Roman Stylus to the Typewriter, London 1975

Karl Theodor Weiß, Handbuch der Wasserzeichenkunde, Leipzig 1962

Leihgeber:

Deutschordensmuseum, Bad Mergentheim

Schweizerisches Literaturarchiv, Bern

Hermann-Hesse-Museum, Calw

Städtisches Museum Ludwigsburg

Hermann-Hesse-Stiftung, Marbach am Neckar

Peter Härtling, Mörfelden-Walldorf

Ausstellungsstücke ohne weitere Angaben stammen aus dem Deutschen Literaturarchiv.

Dank:

Für ihre Gesprächsbereitschaft und ausdauernde Unterstützung danke ich den Mitarbeitern des Deutschen Literaturarchivs, des Mörike-Archivs und insbesondere den Kollegen aus der Bild-Abteilung sehr.

Mein herzlicher Dank gilt ebenso Professor Norbert Oellers für seine Hilfe bei der Entzifferung von Friedrich Schillers Notizen, Dr. Frieder Schmidt für seinen Rat bei der Papierbestimmung sowie Volker Michels für die Funde aus seinem Hesse-Archiv.

Den Leihgebern sei dafür gedankt, daß sie uns für die Dauer der Ausstellung ihre Stücke anvertrauen.

S. F.

Inhaltsverzeichnis

MARBACHER MAGAZIN 69/1994
für die Ausstellung im Schiller-Nationalmuseum
zwischen September und Dezember 1994
Mit einem Umschlag nach
Aufnahmen von Mathias Michaelis,
der alle im Katalog abgebildeten
Ausstellungsstücke photographierte
© 1994 Deutsche Schillergesellschaft
Marbach am Neckar
Herausgeber: Ulrich Ott
Redaktion: Friedrich Pfäfflin
Gesamtherstellung:
Wilhelm Gulde Tübingen
ISBN 3-929146-21-5

»Auch der feurigsten Phantasie und der mächtigsten Schöpferkraft ist eine elastische Feder nöthig, die sie in Schwung bringen und erhalten muß, und die Maschine wird noch erwartet, ... treibt, ohne aufgezogen zu werden.« (F... Heribert von Dalberg, 24. August 1784, ...